PABLO IGLESIAS

JULIAN ZUGAZAGOITIA

PABLO IGLESIAS

**Vida y trabajos de
un obrero socialista**

FUNDACIÓN
PABLO IGLESIAS

En el año del 175 aniversario del nacimiento y 100
aniversario del fallecimiento de Pablo Iglesias Posse

Actividad subvencionada por el Ministerio de Cultura

GOBIERNO
DE ESPAÑA   MINISTERIO
DE CULTURA

Primera Edición:
Julián Zugazagoitia.
Pablo Iglesias: Vida y trabajos de un obrero socialista.
Madrid, Fenix, 1935.

Facsimil:
Madrid, Fundación Pablo Iglesias, 2000.
Madrid, Fundación Pablo Iglesias, 2025.

Ilustración contraportada de Alfonso Zapico

© Fundación Pablo Iglesias.
ISBN: 978-84-123909-8-8
Depósito Legal: M-25575-2024
Imprime: Nemac Comunicación, servicios editoriales

I

LA PRIMERA REBELDÍA

Pedro de la Iglesia Expósito era natural de Orense, en cuya Inclusa fué criado; Juana Posse, con la que casó en El Ferrol, había nacido en Santiago de Compostela. Pedro ganaba su jornal como obrero subalterno del Municipio ferrolano; su mujer debió haber trabajado como sirviente en alguna casa del pueblo. El matrimonio tuvo su primer hijo el 17 de octubre de 1850. Le bautizaron con el nombre de Pablo y comenzaron, sin que sepamos por qué, a llamarle Paulino. No sabemos exactamente cómo era el padre de este niño. Su propio hijo conservó de él un recuerdo vagoroso, impreciso; todo cuanto podía decir de su padre cabe resumirlo en tres palabras: fué un obrero. Mediado el siglo XIX los obreros eran sumisos y obedientes. Padecían jornadas largas y salarios cortos. El padre de Paulino, atendido sus orígenes, conocido el medio, no fué otra cosa que un obrero sumiso y obediente. Su jornal, escaso, malcubriría las necesidades del hogar. Si la traza moral de ese obrero se nos ha perdido, en cambio conocemos en sus menores detalles la de la madre. Juana fué una mujer laboriosa y callada, que hizo frente a la adversidad de la vida con denuedo. "Juana—he escrito en otra parte—fué una mujer discreta. Ha sabido ser, cosa difícil, madre de un soñador, de un socialista, de un perseguido; ha sabido ser madre y compañera al mismo tiempo. La hemos comparado a Pelagia. Diremos brevemente quién fué esta mujer.

Había en Rusia zares, príncipes poderosos, militares groseros. El pueblo en las aldeas estaba oprimido; en las ciudades los obreros padecían persecuciones cuando no se resignaban a vivir mal, oprimidos, explotados. Los grandes magnates conocían todo género de placeres costosos; la vida para ellos era un regalo. La habían recibido así de sus padres, y éstos, a la vez, de los suyos. Todo hacía sospechar que esta felicidad de los poderosos fuese largamente duradera. Siempre había sido así. Junto a tanto regalo, el dolor y la miseria conocían variadas floraciones. En la *isba* del campesino, cercada de nieve en el invierno, no se encendía el fuego, no se cocían legumbres, escaseaba el pan. A iguales privaciones se sometía al obrero de las fábricas. Toda la riqueza de Rusia —inmensa, fantástica, inagotable—afluía a los palacios de las grandes ciudades. La injusticia era demasiado voluminosa, y unos hombres humildes comenzaron a conspirar contra ella. Pidieron su fuerza a los libros. Se reunieron y concertaron, secretamente, uniones para ser más fuertes. Una palabra les iluminó la vida: *Igualdad*. Esta palabra fué abriéndose camino entre la nieve de Rusia. Llegó, tras mucho andar, a un pueblo. En este pueblo vivía Pelagia. Su hijo fué el encargado de albergar y dar nuevo impulso a la palabra. Reunió amigos. Conspiraron contra la injusticia. Todo con sigilo. Intuía Pablo—Pablo se llamaba también el hijo de Pelagia— que su madre era vieja para comprender sus afanes y se los ocultaba por no disgustarla ni sobresaltar su simple religiosidad. Pero la madre—¿qué podremos ocultar a la perspicacia de nuestra madre?—conoció el cambio operado en las costumbres y en el vocabulario de su hijo. Tenía palabras raras que ella oía temblando. Un día apareció en el pueblo—era un primero de mayo—una bandera roja. Fué una señal de esperanza en la vida gris, opaca, triste del pueblo. Pelagia vió el peligro y se pegó a su hijo para defenderlo, para ampararlo del peligro de los fusiles, de los sables, de los caballos. Esta primera unión, inconsciente, puramente maternal, fué cambiando, y Pelagia—carne cansada en el trabajo y humillada

ante Dios—se fué uniendo a su hijo por el doble camino de la
maternidad y de la palabra socialista. Máximo Gorki ha con-
tado esta unión por lo menudo en la más victoriosa de sus novelas: *La madre*. Pelagia es, de entre todas, la más perfecta de
sus criaturas.

Pelagia y Juana son madres paralelas. Temples idénticos
en climas distintos. Su mayor virtud consiste en la tranquili-
dad con que renuncian a influir egoístamente en el porvenir
de sus hijos."

Juana es, en efecto, una madre como la de la novela de
Gorki. De aquí el entrañable cariño con que la honró su hijo
durante toda su vida. De aquí también el apego que sintieron
por ella todos los que se unieron a su hijo para poner en
marcha las nuevas ideas. "La señora Juana—ha escrito uno de
esos amigos, Juan José Morato—, de hermosos ojos azules, los
mismos de Pablo Iglesias, pero siempre serenos; la señora
Juana, buena amiga y consejera de cierto aprendiz de cajista,
que algunas veces la llevaba lilas y rosas cogidas en la quinta
de Goya...", dejó—seguimos nosotros—un recuerdo entrañable en cuantos conocieron sus virtudes de mujer proletaria.
Esta fué la madre. Por el tiempo en que su Paulino se ini-
ciaba en el conocimiento de las primeras letras y de los diez
números, perfectamente feliz, no importa la estrechez de su
vida, tuvo un segundo hijo, Manuel. Se crió con muchos cuidados y sobresaltos de la madre. Era de constitución débil. Le
sostenía en la vida el celo de su madre y la colaboración del
médico. Cuando Manuel pudo acudir al colegio, una desgracia mayor trastornó la casa. Murió el padre. Juana se quedó
sin compañero y sin jornal. Detrás de la desgracia acechaba
la miseria. El luto en los hogares de los obreros es siempre
duelo sincero. El ánimo se abate y la voluntad tropieza en las
contrariedades más inesperadas. Juana pensó en sus posibili-
dades y no encontró sino un recurso: apelar a la solidaridad
moral de un tío que residía en Madrid y prestaba sus servicios en la casa de un grande de España: don Vicente Pío Oso-
rio de Moscoso, conde de Altamira, duque de Atrisco y de

Montemar, marqués de Almazán, de Astorga, de Ayamonte, de Castromonte, de Elche, de Leganés, etc., etc.; uno de esos grandes de España—cinco veces grande era el conde de Altamira—que pueden, con el brillo de sus honores, avergonzar la luz del sol y con el peso de sus condecoraciones detener su marcha. Juana tenía en la casa del conde de Altamira un tío carnal que, a querer, podía ser su valedor. No buscaba el valimiento sino para encontrar trabajo y sacar adelante a sus dos hijos, cuya colocación en la vida le interesaba, como a todas las madres, dejar asegurada. ¿Encontraría en su tío, allá en Madrid, la ayuda que pretendía? Supuso que sí, y con esa esperanza se inclinó a acometer el viaje a la corte. Buscó consejo entre sus amistades, y el consejo fué favorable. Las consejeras convinieron en que aquel tío podía hacer mucho por Juana y esperaban que lo haría, ya que la solidaridad de la sangre pocas veces se niega. No le hizo falta más para decidirse. Realizó sus preparativos, buscó compradoras para su modestísimo ajuar y contrató el viaje con unos arrieros. Sus dineros no la alcanzaban para sufragar el gasto de la diligencia. El viaje en esas condiciones resultó una aventura, preciosa para los niños, incomodísima para ella. Veintiún días en la carretera, a pleno sol, durmiendo en los mesones de los caminos sobre sacos de paja. El viaje se efectuó en las postrimerías del verano de 1860. Pablo se acercaba a los diez años, y es presumible que aquella aventura que le puso en contacto con un variadísimo paisaje le resultase amena e interesante. El trato con arrieros, trajinantes y cosarios en los mesones del camino y en plena carretera dejó un recuerdo, áspero y fuerte, en su sensibilidad. La carretera conservaba por entonces su fisonomía romántica, y sus frecuentadores, gente popular, el atuendo y las maneras de su región. Oigamos lo que con referencia a ellos escribió, años antes de que Juana y sus hijos acometiesen el viaje a Madrid, un viajero inglés: "El arriero español es un hombre agradable, inteligente, activo y sufrido; resiste hambre y sed, calor y frío, humedad y polvo; trabaja tanto como su ganado y nunca roba ni le roban. Mientras los que se tienen por mejores en este país dejan todo para mañana, excepto la quiebra, él es puntual y honrado, de temple y nervios de acero, típico en el traje. Hemos andado muchas leguas y muy largas con estas caravanas; hemos escuchado sus interminables cuentos de salteadores, a los que no prestábamos gran atención, y no podemos negar que estas cabalgatas son verdaderamente nacionales y pintorescas. Mezclados recuas de mulas y hombres a caballo, van siguiendo las líneas en zig-zag del camino que pasan, por desfiladeros de montañas; unas veces atravesando por aromáticos matorrales, otras ocultándose entre rocas y olivares, más tarde emergiendo alegres y brillantes al sol, dando vida y movimiento a la naturaleza solitaria y rompiendo el silencio con el tintineo de las campanillas y el canturreo de los arrieros, que, aun cuando sea monótono en sí y poco armonioso, está en relación con el paisaje y con los agrestes caminos españoles; exactamente lo mismo que el agrio chirrido de la hoz al afilarse está en armonía con la dulce primavera y las praderas recién segadas." Algo más puede decirnos este viajero —Ricardo Ford: *Cosas de España*—, gran catador de carreteras españolas; puede decirnos que las carreteras de Galicia son malas: "En este país de milagros, anomalías y contradicciones, las carreteras de Compostela son hoy detestables." "Los caminos de Galicia, a pesar de la protección de Santiago, al igual que la vía láctea en el cielo, tienen muy poco que agradecer a los cuidados humanos." Así y todo, el viaje para Paulino y Manuel resultó encantador; la madre, cargada con el costal de su duelo y el de su inquietud, no podía estar en condiciones de complacerse en la aventura. Iniciada bajo un signo desgraciado, impetraba del cielo una buena acogida por parte de su tío. El arriero, seguramente, la infundiría esperanzas.

—Estando en casa tan principal, fácil le será ayudaros.

Como todo lo que comienza acaba, una tarde la caravana se vió a las puertas de Madrid. Juana pensaba en la escasa distancia que le separaba de su tío y hacía cálculos para imaginarse el recibimiento que le haría. Lo esperaba bueno. Tenía

confianza. El arriero tomó por la calle de Segovia y paró ante
una posada frecuentada por los traginantes del Norte. Juana
decidió albergarse en ella. Ajustó el hospedaje y se proporcionó un descanso. El viaje había sido duro y sobre sus ropas
negra de viuda había polvo de varias provincias. Había que
aventarlo para presentarse ante el tío. Se informó de dónde
estaba el palacio del conde de Altamira, y, después de des-
cansar y asearse, se encaminó a la calle de San Bernardo. Paulino le leía los rótulos de las calles y ella preguntaba a los
transeúntes. Tardaron en dar con el palacio que buscaban;
pero acabaron por encontrarse frente a él. Juana no pudo
evitar el mirarlo como algo suyo, al modo, probablemente,
como lo miraría su tío, encanecido al servicio de aquella casa
donde moraba el cinco veces grande de España don Pío Oso-
rio de Moscoso, conde de Altamira. Todo cuanto Juana poseía
para encararse con el futuro era una esperanza y estaba en
aquel palacio. No es mucho que llamase a sus puertas con
emoción. El portero que acudió a la llamada era nuevo en la
casa y declaró no conocer al tío de Juana.

—Me informaré.

Regresó el portero. Juana contenía difícilmente una reata
de sospechas y pensamientos desgraciados. ¿Cómo podía ser
que el portero desconociese a un tan viejo servidor del conde
de Altamira como su tío? Aquella ignorancia no argüía nada
bueno. En efecto, el portero compuso el rostro con unas arru-
gas compasivas y comunicó a Juana la peor de las noticias:

—Vuestro tío murió.

Murió. Ya estaba dicho todo. Juana no tuvo fuerzas ni para
sollozar. El cadáver de su única esperanza le expuso a des-
plomarse. Resistió acogiéndose a sus dos pequeños y con un
gesto de amargura abandonó aquella casa, de la que nada le
era lícito prometerse habiendo desaparecido su tío. De nuevo
la calle, y ahora sin esperanza. Los recursos habían ido quedando en los mesones y paradores a lo largo de la carretera.
¿Qué hacer? ¿Qué podía hacer Juana? Buscó trabajo. No debió encontrarlo. Sus dos decisiones lo hacen suponer así. La

primera de esas dos decisiones, de la que el propio Iglesias no llegó a hablar con claridad, acaso por pudor, consistió en implorar la caridad pública. Juana, a la caída de la tarde, buscaba la calle, tendiendo su mano a los transeúntes. La cosecha de limosnas debió ser muy escasa. De otro modo no hubiera acudido a la segunda decisión, más ingrata para una madre que la primera. La miseria apretaba y no hubo otro remedio. Dió sus hijos al Hospicio. Paulino y Manuel ingresaron en el Hospicio de San Fernando. Ella se dispuso a servir, a lavar, a fregar. Se fué a vivir a un cuarto de la travesía de Cabestreros. La separación fué un trance doloroso. Paulino quedó afectadísimo. Echaba de menos el calor del regazo materno y percibía con demasiada violencia la frialdad de su nuevo domicilio. Las visitas de la madre le renovaban la herida. El tiempo no le curaba de su dolor. Tenía la obsesión de la madre y Juana, que defendía su vida ganándola como lavandera en el Manzanares, la de sus hijos. ¿Cuándo volverían a reunirse? Por voluntad de Paulino ello ocurriría pronto; en el instante en que estuviese en condiciones de ganar unos reales. La vida en el Hospicio se le hacía ingrata. Los hospicianos eran tratados con despego e indiferencia. La alimentación era deficiente. Cuenta Morato, buen conocedor de las costumbres madrileñas de aquella época, que sólo una vez al año conseguían los asilados sacar la tripa de mal año: el día en que la Hermandad del Santo Niño de Dios se encargaba de alimentarlos. Ese día la comida era abundante, nutritiva y limpia. Pero más que la calidad de la comida, perturbaba la sensibilidad de Iglesias el trato, el ningún amor con que eran zarandeados. El empleado venía a resultar, sin que Paulino acertara a explicarse el por qué, el enemigo natural del asilado. Sobre él descargaba contrariedades y malos humores. Paulino cuidaba de cubrir con su cuerpo al hermano. Era débil de cuerpo, pero robusto de espíritu; apuntaban en él los rasgos morales que le darían notoriedad y predicamento entre sus camaradas, y cuidó de proteger a su hermano, por el que sentía un cariño activo y belicoso. Llevaba con orgullo sus cuitas y rara vez se alteraba su ecuanimidad; para que se le oscureciese la serenidad de los ojos no había sino ofenderle en su hermano. Del paso de Iglesias por el Hospicio queda el recuerdo de su aplicación. Terminó en sus clases la educación primaria e inició, con el gusto infantil del tiempo, la literaria con la lectura de pliegos de cordel en que se narraban historias tan atrayentes como la de *Simbad el Marino, Doña Blanca de Navarra, El marqués de Villena, La redoma encantada, Frncisco Esteban, el guapo.*

De la escuela pasó a la imprenta. De entre los oficios que le dieron a elegir mostró preferencia por el de tipógrafo. No tardó en aprender la caja. Su buena disposición para el oficio era patente, y un maestro celoso de sus discípulos le hubiera hecho adelantar en el aprendizaje rápidamente. El que correspondió a Iglesias no reunía esa condición. Se desentendía de la suerte de sus aprendices y si por acaso reparaba en ellos era para regañarlos y ponerles la mano encima. Iglesias conservó un mal recuerdo de aquel hombre. Era seco de humores y más de una vez le hizo objeto de reprimendas injustas. Empezó ocupándole en menesteres subalternos. Era el encargado de llevar las pruebas a los autores. Así conoció a don Augusto Burgos, alto funcionario del ministerio de Fomento, redactor jefe de una revista científica de aquel Centro oficial. Burgos apreció la formalidad del aprendiz y llegó a cobrarle afecto. Averiguó el domicilio de su madre y le propuso adoptarle y facilitarle los medios para estudiar una carrera. La madre consultó con su hijo, del que empezaba a enorgullecerse, y Pablo se negó a aceptar la proposición de don Augusto. Su decisión era firme: por ninguna suerte de venturas decidiría separarse de su madre. Más alta ventaja que la de vivir con ella no se la podría deparar el más munífico de los protectores. No se habló más de aquella proposición ventajosa. Juana era doblemente dichosa: por la adhesión de su hijo y porque aquel señor se hubiese fijado en él para ejercer sus bondades.

Pablo continuó en la imprenta del Hospicio. Con las propinas que recibía en algunos recados adquiría nuevos pliegos

de cordel, algunas de cuyas historias le sobresaltaban el ánimo
y le hacían desear aventuras parecidas. Padecía teniendo
en el regente el mismo maestro seco y nada cordial. A pesar
de todo, continuaba progresando en su aprendizaje. Tenía empeño en alcanzar el grado de oficial en el menor tiempo posible. Su madre le esperaba... El premio era excepcional y excepcional resultaba la aplicación de Iglesias.

Se acercaba la Navidad. Ello era promesa de varios días con
la madre. Tradicionalmente el Hospicio admitía que los asilados pasaran las Pascuas con sus familiares. En la imprenta
abundaba el trabajo y el regente abolió la costumbre para los
hospicianos que trabajaban a sus órdenes. Había que cumplir
los compromisos adquiridos y no se podía conceder un solo
permiso. Cuando conoció la decisión de su maestro, Iglesias
no se incomodó. Aparentó acatarla con sumisión; se proponía
burlarla. No estaba dispuesto a privarse de la compañía de su
madre. El día 24, por la tarde, se evadió del Hospicio y fué
a casa de la madre. El retorno no le preocupaba, estaba hecho a las reprimendas del regente y en esta ocasión las sopor-
taría con mayor calma.

Nos hallamos a presencia de la primera rebeldía de Pablo
Iglesias. Tiene un móvil legítimo y noble: el de hacer compañía a su madre. En lo sucesivo sus rebeldías, todas sus rebeldías, reconocerán parecido motivo alto y legítimo. Será el verbo de toda una clase vejada, menospreciada, ofendida. Y ello
le acarreará quebrantos sin cuento: prisiones y burlas, proce-
sos y calumnias. Un anticipo de lo que haya de sucederle lo
encontramos a su regreso al Hospicio. El maestro le increpa
duramente, le conmina con la expulsión, y ante la traza cal-
mosa con que el aprendiz escucha sus admoniciones, reacciona
iracundo y golpea al muchacho. Es bien fácil decirlo: golpea
al muchacho. Este ni tan siquiera puede defenderse con la palabra: no es nadie un hospiciano en el Hospicio delante de una
autoridad en la casa; no es nadie ni nada. Este a quien el regente ha golpeado no siendo nadie es Pablo Iglesias. Quiero
decir que tiene resuelta su actitud. Se evadirá por segunda vez

y esta vez para siempre. En lo sucesivo no podría tolerar la
presencia de aquel hombre sin sentir el deseo irreprimible
de tirarle algo a la cabeza, un componedor o una palabra de
desprecio. Aguarda la noche, y con toda suerte de precauciones
se escapa del Hospicio. En lo sucesivo sólo la muerte podrá se-
pararle de su madre. Cuando entra en casa, Juana barrunta lo
sucedido. ¿Se alegra? ¿Lo siente? Pablo no le da tiempo a
dilucidar la duda; con el aplomo de un hombre cabal la re-
conforta:

—Yo ganaré para los dos.

¿Cuándo alcanzará el aprendiz a ganar lo que promete?
La madre, que es quien podría contestar a la pregunta, se
calla. Pablo no sabe qué es ganarse la vida con las manos. Ella,
que continúa lavando en el Manzanares y asistiendo de inte-
rina a algunas casas, sí lo sabe. Tiene confianza en la formalidad de su hijo. Es bastante.

II

DE APRENDIZ A OFICIAL Y ESTUDIANTE

El aprendiz se dispuso a encontrar una imprenta donde le dieran ocupación y salario. Recorrió varias y en todas ellas escuchó la misma respuesta negativa: no necesitaban de los servicios del aprendiz. El primero y el segundo día Pablo regresó a su casa desesperanzado. No era tan fácil hallar ocupación. Se lamentaba Pablo ante su madre de la mala suerte, y Juana, profundamente escéptica, le sostenía el ánimo con palabras de aliento. Manolín había vuelto al Hospicio, y madre e hijo vivían estrechamente con el jornal de lavandera y lo que ganaba cuando asistía, pocas veces, a algunas casas. Juana pedía autorización en ellas para llevar su comida a casa y repartirla con su hijo. Lo malo era el frío. Contra el frío no había defensa en la casa de Pablo. Mal lo pasaban en ella, pero peor en la calle. No tenían ropa de abrigo y el ingenio acudía en remedio de la pobreza. Pablo, siguiendo el ejemplo de los golfillos de la calle, se arropaba con grandes tiras de papel arrancadas a las carteleras teatrales. Se las arrollaba al pecho, se colocaba el chaleco y la americana, una chaqueta que "mejor le estaba al difunto", y con ese abrigo hacía frente al invierno madrileño. Siguió buscando la imprenta que necesitaba y, al fin, la encontró en una de la calle de la Manzana, donde se editaría en lo sucesivo un periódico titulado *Diario Universal*. Le admitieron para distribuir moldes y le asignaron como salario dos reales diarios. Se puso a la tarea desde el lunes y el sábado recibió la cantidad estipulada: tres pesetas. Era su primer salario. Muy menguado, pero ¡qué emoción la del aprendiz cuando pudo hacer entrega a su madre de aquel dinero! Es una emoción extraordinaria que difícilmente se borra de cuantos la han sentido. El sábado en que el aprendiz pone en las manos de su madre el jornal primero que gana en la vida, es un sábado excepcional, inolvidable. Queda en el recuerdo para siempre. En Iglesias esa emoción fué particularmente viva. Las tres monedas estaban ungidas por su sudor y eran sagradas, porque llegaban en remedio de las necesidades de su casa. El aprendiz se prometía aplicarse para aumentarlas. No le era suficiente vivir con su madre; anhelaba emanciparla de aquellos trabajos rudos en que la necesidad le obligaba a emplearse. Se aplicaría. Tanto como el salario le importaba el trabajo. No se había equivocado en la elección. Su afición por la lectura—continuaba nutriendo su fantasía con pliegos de cordel—le facilitaba la estimación por la imprenta, en la que se había propuesto llegar a ser un buen oficial. Sus primeros doce reales le estimulaban esa ambición. Doce reales, después de todo, atendida la escala de salarios de la época, no eran un grano de anís para un muchacho que empezaba el oficio. El toque estaba en llegar a ganarlos diariamente. El periódico en que se empleaba Iglesias no vivió mucho tiempo. Al cerrar sus puertas quedaron en la calle los obreros que lo componían, y con ellos Pablo. Pero el aprendiz había adquirido la soltura necesaria para pretender otra plaza mejor remunerada. Buscó y encontró lo que buscaba. En una imprenta de la calle del Limón, donde componían una edición del *Quijote*, se empleó con una peseta diaria. Se puso ante el chivalete a componer líneas del libro sin par. El dueño de la imprenta le obligaba a alternar en esa ocupación con el riego de un jardín que tenía en el patio. Había que sacar el agua de un pozo...

"Una mañana—conservo la referencia que el propio Iglesias me hiciera—el esfuerzo me venció. El cubo era demasiado pesado para mis fuerzas, las pocas fuerzas de un muchacho mal alimentado, y me desvanecí. El patrono me recriminó por torpe y desmañado y el orgullo de mi oficio me hizo insubordinarme. Recuerdo que le dije que yo era tipógrafo, pero no jardinero. Pedí la cuenta y abandoné aquel taller. Noté que en estos cambios iba ganando. Encontré trabajo en otra imprenta, donde se hacían las obras de Alcubilla, y me pagaron a cinco reales."

El aprendiz tiene ya la soltura del oficial. Hace tantas líneas como ellos y las pruebas de corrección no acusan excesivas erratas. El jornal, en cambio, sigue siendo el de un chico. El patrono se lo tasa como aprendiz adelantado y le emplea como oficial completo. Nuevo cambio de imprenta, nuevo jornal: siete reales. Trabaja en la composición de un libro de matemáticas y alcanza definitivamente, en concepto de sus compañeros, el grado de oficial. Para ganar un real más, necesita buscar otra imprenta, aquella en que se componía *La Iberia*. Uno de sus camaradas de taller le aconseja que busque otra suerte de ocupación, a destajo, en la que ganará bastante más. El consejo es cuerdo, pero el movimiento revolucionario del 66 lo echa a perder. O'Donnell suspende la publicación de dichos periódicos y se produce una crisis en el oficio. El patrono, que había prometido ocupación a Pablo, se aprovecha de ella y, fundándose en la edad, decidió pagarle menos que a los demás operarios. Iglesias se defendió, pero como el paro era grande, hubo de transigir. No sirvió de gran cosa; al cabo se produjo la colisión. Suprimida la Imprenta Nacional por Narváez, la imprenta donde trabajaba Iglesias recibió el encargo de hacer la *Gaceta*. El patrono estableció tres categorías; la primera de doce reales el ciento de líneas. Pretextando dificultades, intentó rebajar el precio acordado. Los amenazados se declararon en huelga. La segunda y tercer categoría no sufrió descuento en su precio, acaso porque al patrono no le interesaba generalizar el conflicto. El único que alcanzó a conocer la intención del patrono fué Iglesias, y para provocar la adhesión de las categorías no afectadas a los huelguistas, se adscribió a la causa de ellos. El patrono le despidió y ahí quedó todo.

El paro se prolongó por bastante tiempo. La crisis conti-

nuaba siendo muy aguda, y por más que hizo no consiguió
colocarse. Volvió a hacer conocimiento con la miseria, con
el frío y con la desgracia. Su casa estaba completa y tenía mayores necesidades. Con la madre vivían los dos hermanos. Manuel había elegido el oficio de zapatero y prometía para pronto ganar un pequeño jornal. Su salud continuaba siendo pre-
caria. Sus defensas vitales eran muy escasas. Se resentía del
pecho. La alimentación insuficiente y el frío excesivo de Madrid acabaron por enfermarle. Se le declaró la tuberculosis y
murió de ella. Era una enfermedad sin remedio. Reposo, so-
brealimentación, sol, aire limpio..., lo imposible. La casa no
reunía ninguna de las condiciones exigidas por el médico para
el enfermo. La despensa, con Pablo parado, estaba vacía. El
sol y el aire limpio seguían siendo inaccesibles. Manuel se murió y el duelo de su muerte repercutió trágicamente en el pecho
de la madre, que veía en Pablo, alto y desnutrido, una segunda
víctima de la misma enfermedad. Para Pablo fué también un
mal momento. Sufrió una crisis de angustia y por algún tiempo perdió el gusto por la lectura, tratando de consolar a su
madre. De día recorría las imprentas pretendiendo colocación.
Sentía la urgencia, ante su casa batida por la adversidad, de
recuperar el jornal. Volvió a necesitar abrigarse con periódicos. Al cabo pudo encontrar ocupación en una imprenta de
la calle de Orga, donde le tasaron el salario en siete reales.
Había vuelto a descender. Este patrono era un ejemplar bastante curioso. Establecía los salarios según la vitola del oficial.
La de Iglesias era la más lamentable de todas y le asignó el
jornal más pequeño. Después conoció un patrono más pinto-
resco: era paternal y sencillo en sus relaciones con los operarios; les pedía un rendimiento máximo y a cambio de aquel
esfuerzo diario les convidaba el sábado a unas copas en la
taberna próxima a la imprenta, aprovechando la camaradería
de las rondas para decirles que carecía de dinero con que pagar los jornales. Iglesias no accedió ni una sola vez a pene-
trar en la taberna, consiguiendo cobrar con relativa puntualidad. Aquella inseguridad en el percibo de los jornales no

era de su gusto, y aunque personalmente no tenía queja, decidió buscar otro lugar de trabajo.

La crisis del oficio había quedado resuelta. En los comienzos del año 1869 los periódicos volvieron a reaparecer y las imprentas recobraron su actividad. Después de la revolución había una verdadera pasión por el. papel impreso. Hacían falta manos. Iglesias, cuyo conocimiento del oficio era perfecto, alcanzó a ganar los salarios a que tenía derecho. Esto permitió a su madre un respiro, del que estaba bien necesitada. Pablo comenzaba a sentirse feliz. La casa marchaba con su esfuerzo y su madre tenía bastante con atenderle y cuidarse. En esta época el obrero tipógrafo realiza un descubrimiento extraordinario: el del teatro. Su antigua afición por la lectura encuentra en el teatro un complemento precioso. La musa de la época le hace derramar abundantes lágrimas. Derramándolas se siente dichoso. El gusto por el teatro le quedó para siempre. Ya maduro, prisionero de sus múltiples ocupaciones, lo que echa en falta es tiempo para frecuentar el teatro. Le apetece, es natural, el teatro dramático y la alta comedia. El dinero de que puede disponer, no mucho, lo invierte en socorrer su escasa cultura, adquiriendo libros y acudiendo a los teatros. No tiene otros vicios. Ni bebe ni fuma, esto último por prescripción facultativa. Lo primero es casi milagroso. La grey de los tipógrafos madrileños tenía por entonces manifiestas relaciones de cordialidad con Baco. El buen dios de los mostos y los pámpanos había conseguido reclutar entre los impresores sus más constantes adoradores. Gente por lo común alegre y resuelta, le ofrendaban sacrificios por la razón más insignificante. ¡Buenos bebedores los tipógrafos! Y no sólo en Madrid. Iglesias prefirió pagar su tributo a Minerva. Mejoró sus lecturas: de los pliegos de cordel pasó a las novelas. En el trato con sus compañeros era cordial y benévolo. Sabía disculparles sus debilidades, lamentándolas. Ellos, en cambio, sentían por Pablo un respeto inicial que no acertaban a explicarse. No es que tuvieran intuición ninguna; es que aquel muchacho formal, aplicado, de quien sabían que cifraba todos los afectos en su madre, se les imponía moralmente. Difícilmente se decidían a gastarle bromas, a las que los cajistas de todo tiempo han sido aficionados sobremanera. Testifica ese respeto el caso de Matías Gómez Latorre, que habiendo trabajado junto a Iglesias, y siendo mayor que él en edad, no se decidió a tutearle. De nada sirvió que a la muerte de su madre Pablo se fuese a vivir a casa de Matías; de nada que uniesen sus vidas con el vínculo de las mismas ideas y de trabajos idénticos; tampoco surtió ningún efecto el que Pablo le reprochase lo que llamaba una mala costumbre. "No puedo—contestaba Matías—; es grande nuestra intimidad; pero no puedo tratarle de tú." Muy a última hora, cuando la vida de Iglesias se extinguió en sus brazos, el viejo amigo, desesperado por su duelo, le despojó del tratamiento. Serio en su conducta, cordial en el trato, inteligente en el oficio, se explica bien que sus camaradas le respetasen. El era el primero en respetarse, procediendo en todos sus actos con una corrección extrema. Ningún recuerdo de esta época hace alusión a la más disculpable liviandad de Iglesias. Su juventud está edificada sobre una infancia demasiado triste y no es extraño que se nos aparezca teñida de melancolía. Le vemos expansionarse en los estudios. Se interesa por el latín y escribe concienzudamente las declinaciones y conjugaciones. Entre sus papeles íntimos, sacados a luz después de su muerte, hay un alfabeto griego y otro árabe. No cabe pensar que entrase en sus cálculos dominar esos idiomas, pero sí tener de ellos una noción que le facultase para trabajar en aquellas imprentas donde se editaban libros de carácter científico. Pasados los años, confesó a un periodista—E. González Fiol—que "su única afición entonces consistía en leer. Lecturas desordenadas, pero muchas. Con lo poquísimo que podía escatimar a mi ya escasa alimentación, compraba algunos libros, y una de mis mayores ilusiones consistía en adquirir o t r o s. Recuerdo —dice—que hasta hace poco he conservado la lista de los libros que yo pensaba comprar cuando pudiese, pues para no olvidarme apuntaba los títulos. He de confesar que mis ilu-

siones no se han realizado nunca: primero, porque a medida
que mis conocimientos aumentaban, la lista de libros por comprar crecía, y nunca, nunca, he podido ver ante mis ojos los
que he deseado, y luego porque he tenido que dedicar más
tiempo a la acción, a la propaganda del Partido y a la organización que a mi propia cultura".

Por esta época no tiene cortapisas de tiempo. Todo el que
le dejan libre el trabajo y el sueño puede invertirlo en estudiar. La revolución septembrina proporciona facilidades a los
estudiosos. Se explica Derecho político en muchos centros y
los profesores más ilustres de la época se emplean en esa y
en tareas parecidas. Iglesias frecuenta las aulas compatibles
con sus horas de trabajo y finalmente se matricula alumno de
la Escuela de Artes y Oficios. Tiene curiosidad por todo. Le
interesa la geometría y la aritmética, el francés, la economía
política. En la clase de francés consigue un galardón que me-
jora su economía; el premio consiste en doscientas cincuenta
pesetas, que, algo mermadas por una adquisición extraordinaria de libros, entrega a su madre.

Aplicado a la tarea de descubrir cada día un nuevo Me-
diterráneo, a través de sus lecturas en desorden, Iglesias escapa al medio. Su soledad arisca le preserva de todo contagio.
Su juventud incontaminada está a la espera de semillas nuevas. Las que le brinda el medio carecen de vitalidad, son in-
fecundas. La generación de 1840, que es la que hace la revolución de septiembre y la restauración, no tiene fuerza para
atraer a Iglesias. Ni le atraen ni le repelen los hombres que
caracterizan la generación del 40; los mira con indiferencia
desdeñosa. Todos sus afanes de estudiante los canaliza hacia
la imprenta, que, todavía, conserva un recuerdo de su tradi-
cional gloriosa. Sabe, de oídas, que muchos de los oradores des-
lumbrantes proceden con una moral bastante laxa. Los que se
dicen anticlericales en público acceden en privado a cantar
el rosario con la familia. De los políticos se cuenta y no se
acaba. Las credenciales para Ultramar están sujetas a un aran-
cel conocido. Es famosa la despensa de un orador posibilista,

abastecida en cantidades extraordinarias por sus apadrinados. El periodismo—y de su intimidad conoce algo Iglesias a título de tipógrafo—es sencillamente inmoral: vive de una serie de lugares comunes y de inepcias aparatosas, estando confiado a periodistas cretinos o a periodistas audaces, que viven a salto de mata, esperando la oportunidad de alcanzar un destino o de acampar en el Poder. El Poder es la lotería, y para participar de sus dones se precisa de la domestiquez y de la servidumbre. Hay que hacer cola para ingresar en la tertulia del jefe, y una vez dentro, hay que reírle las groserías y hay que corear, como manifestaciones de su genio, es decir, de un genio único, las más insignes tonterías. Los ministros trabajan por la noche, en un trabajo que es una pura improvisación descabellada. El despropósito es siempre genial. Y al genio se le otorgan fueros especiales. Se negocia con los ferrocarriles y con las líneas marítimas. Son las ventajas de ejercer el Poder y nadie se escandaliza por una cosa que se reputa corriente y, en cierto modo, lícita; lo ilícito es el escándalo, el no saber guardar las formas. Que Pepe el Huevero, ventajosamente conocido por sus trampas al fisco, regale con publicidad unos pendientes a la hija de Sagasta, es escandaloso y de consiguiente inmoral. Sin publicidad la cosa hubiera sido perfecta. El medio no puede ser más abyecto. Su abyección favorece toda suerte de peculados, concupiscencias y venalidades. La moral no cuenta.

Iglesias. ¿Quién es Iglesias? Un cajista de imprenta cuyo ideal se cifra, por ahora, en sostener a su madre, evitando el que necesite bajar al Manzanares a ejercer su oficio de lavandera. Seguirá, por varios años, siendo no más que un cajista de imprenta. Y, sin embargo, en el centro de Europa un clarín llamaba a los hombres de su clase y de su origen a la pelea. Cuando el eco de la llamada resonase con fuerza en el pecho de Iglesias, la inmoralidad nacional intentaría hacerle prisionero. Se explica que no admitiese la existencia de un hombre limpio y recto. Para los políticos de la Regencia todos los hombres tenían un talón de Aquiles; en unos era el dinero,

en otros la vanidad, en aquellos la ambición. Iglesias, pese a
sus ínsulas de incorruptible, no carecería de punto vulnerable.
Había que intentar envilecerlo, y Romero Robledo se adelantó en el propósito a Sagasta. Se sirvió para ello de Felipe
Ducazcal, empresario del Teatro Príncipe, que, como hijo de
un impresor, contaba con algunas amistades entre los tipógrafos. Ducazcal, que en otras ocasiones había hecho algunos
favores al Arte de Imprimir, abordó a Iglesias con el desem-
barazo que le caracterizaba:

—Pablo, ¿cómo van las ideas?

—Bien. ¿Por qué me lo pregunta?

—Porque me intereso por ti y no me agradará nada que tus
compañeros te crucifiquen. Y te crucificarán, de eso puedes
estar seguro. Estás perdiendo lamentablemente el tiempo. Romero Robledo tiene grandes deseos de conocerte. Dice de ti
que eres un hombre de mucho talento y que es una lástima
que lo malogres en empresas imposibles. ¿Por qué no vienes
una noche y hablas con él? Yo te presento.

—No tengo nada de qué hablar con Romero Robledo.

—Eso crees tú, pero a lo peor te equivocas. A su lado puedes ser algo de provecho, mientras que ahora, ¿quienes decir-
me en qué te benefician tus trabajos?

—Perdería el tiempo. Ni usted ni su amigo Romero Robledo lo van a entender. Buenas noches.

Y se alejó de Ducazcal con un comienzo de náusea.

III

El día de Nochebuena del año 1868 se edita en Madrid el primer manifiesto proletario, suscrito por un grupo de trabajadores manuales. Ha pasado por Madrid un diputado italiano, José Fanelli, discípulo y amigo de Bakunin, que por los días españoles de la revolución de septiembre había formado en Suiza la Alianza de la Democracia Socialista. Su núcleo doctrinal no puede ser más concreto: en religión, el ateísmo; en política, la anarquía; en economía, el colectivismo. La Asociación Internacional de los Trabajadores tenía en su consejo general a Carlos Marx. Fanelli hizo en España un doble trabajo: procuró la organización de Secciones de la Internacional y constituyó algunos grupos secretos de la Alianza, incrustando la corriente anarquista en la Internacional. El manifiesto de los trabajadores madrileños, aun no siendo del todo feliz, debió producir alguna impresión: "Como trabajadores os llamamos, no como políticos ni religiosos. Sedlo sin embargo mientras os parezca bueno. Nosotros por nuestra parte, fundados en muy desapasionadas observaciones, ni esperamos en la política ni tenemos confianza en la religión." "Sólo esperamos, sólo confiamos en nosotros todos. Sólo podemos lógicamente esperar nuestra segunda emancipación de la asociación de los trabajadores del mundo con un fin común..." Se atribuía en el manifiesto un carácter decisivo a la "caja de resistencia" para ganar a los patronos las mejoras económicas y morales a que se consideraban con derecho. El manifiesto terminaba anunciando para cuando se tuviera quinientos suscriptores la aparición de un semanario de título *La Solidaridad*.

El periódico de la Internacional apareció el 15 de enero de 1870. Se organizaron las primeras conferencias. Iglesias, que había leído el manifiesto y suscrito a *La Solidaridad*, se sintió atraído por aquel movimiento. Decidió ingresar en la Asociación. Lo hizo el 20 de febrero de 1870. Ya está decidida su suerte. Su vida ha encontrado el carril que necesitaba. Es ahora cuando sus afanes van a encontrar un empleo altísimo, puesto que ya tiene una meta a la que aspirar con fuerza. El periódico de los internacionalistas, pasado el primer momento de curiosidad, atraviesa por dificultades económicas. Era necesario arrimar el hombro, y entre los que prestan el suyo está Pablo. Se compone gratuitamente el molde. Iglesias es señalado por sus compañeros para ejercer algunos cargos y pronto le vemos elegido miembro del Consejo federal de Madrid. En el primer Congreso de Barcelona la región española elige el Consejo y adopta resoluciones en las que influyen decisivamente los miembros de la Alianza, es decir, los amigos de Bakunin, dándose el caso de que algunas resoluciones estén en pugna con los Estatutos de la Internacional. Esta ingerencia de la Alianza aclimataría en España las diferencias que separaban a Marx de Bakunin, escindiendo en dos porciones antagónicas: marxistas y bakuninistas, socialistas y anarquistas. Esta división daría lugar a las polémicas más enconadas y, andando el tiempo, a las colisiones más dramáticas. Iglesias proporciona al semanario de los internacionalistas su esfuerzo de tipógrafo y su primer artículo periodístico. Se titula "La guerra", y es, como fruto del tiempo, un tanto declamatorio y pueril: "...no creyendo nosotros en esas falsas divinidades, hijas de cerebros calenturientos, creación de extraviadas imaginaciones, y siendo, como somos, racionalistas, conocemos que la guerra es hija y lo ha sido siempre de media docena de tiranos, de media docena de asesinos—sí, ése es su nombre—, de media docena de seres raquíticos y pobres, abortos de la naturaleza, que, ora por su orgullo, ora por mero capricho, ora por una ambición desmedida, no tiemblan, ni siquiera vacilan, al enviar a sus semejantes, a sus hermanos, para que sirvan de *carne de cañón...*" Sí, el primer artículo de Iglesias es declamatorio y pueril; puede ser suyo o de otro de los internacionalistas que colaboraban en *La Solidaridad;* es impersonal, por carencia de estilo. Más tarde, cuando de la pluma de Iglesias hayan salido los artículos por centenares, su estilo y su dialéctica—más compleja—serán inconfundibles. Estará lejos de la belleza, pero su prosa tendrá una entonación grave, enérgica, áspera no pocas veces. Y ése será su estilo. Ahora ¿qué podríamos pedir? Es su primer artículo y el primer artículo de todo escritor, tanto más si es un escritor formado por sí mismo, es un balbuceo pueril, que nada o muy poco anuncia ni promete. Al primer artículo sigue el primer discurso. Los internacionalistas madrileños buscan expansión para sus doctrinas organizando una serie de controversias públicas que tiene por escenario la Escuela de Arquitectura y por día los domingos. Acceden algunas personas de notoriedad científica y política a desiluminar a aquel grupo de obreros fanáticos, a los que el disparate de la anarquía y el socialismo les perturba el cerebro, y se entabla la discusión. Uno de esos domingos la tribuna le fué reservada a Iglesias. De su discurso no quedó constancia. Lo recuerdan algunos amigos, supervivientes de aquellos días, y están de acuerdo en afirmar que Iglesias cumplió su cometido con soltura y ponderación. "Habló—dicen—suave y liso, constituyendo para muchos de los que le conocían por el oficio una agradable sorpresa."

La actividad de los internacionalistas no estaba bien vista por el Gobierno. Los sucesos de París habían tenido una repercusión extraordinaria. La insurrección de los trabajadores parisinos había alarmado a Sagasta, quien se dispuso a acabar con el foco rebelde, apelando a toda suerte de persecuciones. Se les prohibieron las conferencias y la Policía disolvió algunas reuniones, después de enviar por delante a la partida de la porra. El movimiento no se interrumpió por eso. La hostilidad del Gobierno, seguida de no pocos atropellos, despertó en bastantes trabajadores curiosidad por la Internacional, y si los nuevos adeptos no fueron muchos, los simpatizantes no dejaron de abundar. Entre los nuevos adheridos se contó un antiguo cajista, al que la necesidad del destierro obligó a afilar la pluma: José Mesa, quien por su mejor preparación y su mayor cultura había de prestar al movimiento servicios inestimables. Desaparecida *La Solidaridad*, Mesa puso en marcha un nuevo semanario: *La Emancipación*, en cuyo consejo de redacción ingresó Iglesias.

En tanto que en España parecía preponderar la fracción bakuminista, en Londres la Alianza era derrotada al establecer la Internacional el fundamento de la aspiración marxista al que debían ajustar sus actos las secciones nacionales: conquista del poder político por la clase trabajadora. Prohibía la Internacional las organizaciones secretas y, en suma, proscribía el anarquismo. Casi simultáneamente se abría en el Parlamento español el debate sobre la Internacional. Los diputados dijeron mucho y bueno de la significación de las nuevas ideas. Castelar creía saber que "siempre que el socialismo ha aparecido, ha aparecido con sus pretensiones seculares: con la pretensión, primero, de violar la libertad; segundo, de ser una fórmula superior a la democracia". "¡Ah! El socialismo tiene en todas partes grandes males; pero incomparablemente mayores en nuestra patria." El socialismo era para Castelar una montaña de huesos y cadáveres. Para otro diputado era elevar a categoría de doctrina económica las inclinaciones de los bandidos de Sierra Morena. Con esta magnífica visión de la Internacional y los internacionalistas, los diputados españoles, pese al mejor criterio de Salmerón y Pi y Margall, no tardaron en ponerse de acuerdo para expulsar de la legalidad a una organización que era "la utopía filosofal del crimen". Correspondió la ejecución del acuerdo a Sagasta. La sección española de la Internacional no moriría de aquel acuerdo de las Cortes; sí de su polémica interna. Los de la Alianza interesa-

ban el apartamiento de los trabajadores de las luchas políticas; la Internacional encarecía la lucha en el terreno político
y en el económico. Pablo Lafargue se presentó en Madrid;
yerno de Marx, estaba identificado con sus doctrinas y otorgaba
a la política de clase un lugar preferente en la acción que debían desarrollar los trabajadores. Venía escapando de la represión desencadenada en Francia contra los comunistas, y
fijó su residencia en Madrid. Se puso en contacto con los internacionalistas y dió comienzo a sus trabajos. El fundamental
había de consistir en propiciar, escindida la Internacional, el
nacimiento del Partido Socialista. Por conducto de Lafargue,
que se fué a Londres, conocieron sus amigos españoles la edición francesa del Manifiesto Comunista. Se tradujo al español y se hizo una publicación de él. Llegó también *El Capital*
en cuadernos y editado en francés. Iglesias recibió el encargo
de administrar su venta. Se había inclinado por la fracción
marxista, minoritaria en España, juntamente con Mesa y Mora,
y se aplicaron, con las secciones que mostraron su misma in-
clinación, a levantar de nueva planta una organización obrera. El trabajo era áspero y no adelantaba gran cosa. La agitación política, derivada de la proclamación y muerte de la
República, después de la exaltación de Amadeo y de su rá-
pida abdicación, centraba la curiosidad de los españoles en
otros temas que los que, con reiteración, ofrecían a los obreros españoles los internacionalistas marxistas. Estos vivían en-
simismados en sus empresas. Sobre Iglesia pesaba la presidencia de la Asociación General del Arte de Imprimir, donde fué
mal recibido por muchos socios, que se apresuraron a darse
de baja. Iglesias se aplicó a hacer de la Asociación, que había
sido creada con fines distintos, para remediar el paro y mantener relaciones de cordialidad con los patronos, principalmente, una entidad de clase, capaz de encararse con los patronos para imponerles el respeto de las tarifas y para aumentarlas. Poco a poco la Asociación recobró sus afiliados, y aun
los aumentó. El presidente puso en ello su amor propio, como
lo puso en preparar el nacimiento del Partido Socialista. Este

se fundó el 2 de mayo de 1878 en una fonda de la calle de Tetuán, donde se celebró una comida que se llamó de *Fraternidad internacional.* El acuerdo de fundación es firme, y antes de comunicar la noticia a otros amigos desparramados por España, con las reservas del caso por tratarse de una organización ilegal, se designan las personas encargadas de concretar las aspiraciones del nuevo partido. Esas personas son: Pablo Iglesias, Victoriano Calderón y Alejandro Ocina, tipógrafos; Jaime Vera y Gonzalo H. Zubiaurre, médicos.

Acaso importe al lector conocer cómo se inserta Jaime Vera, científico de incuestionable autoridad, en el grupo de los primeros socialistas. El mismo lo ha referido: "En 1873, y sobre la misma mesa de disección en que estudiaba Anatomía, leía yo el "Manifiesto comunista", en que también se hace la disección de la sociedad. Diómelo, así como *El Capital,* Alejandro Ocina, condiscípulo mío y socialista de grandes facultades reflexivas, muerto prematuramente. El me puso en relación con el grupo, con el microscópico grupo, de los Iglesias, Quejido, Matías Gómez, Calleja, Mora y otros pocos, muy pocos, germen del Partido." Y sigue: "No di, desde luego, mi adhesión; estudié las nuevas ideas, estudié también los programas y las doctrinas de los partidos en efervescencia entonces, convertida España en aquella época en laboratorio de política experimental; medité, observé y, cuatro años más tarde, después de un largo viaje en que toqué en cuatro de las cinco partes del mundo, más maduro mi juicio, ingresé en el grupo, insignificante en apariencia." Ingresó en el grupo y el grupo le bautizó con un sobrenombre cariñoso: *Chisterilla.* Iglesias fué, desde el primer momento, el motor del grupo. Esto y la presidencia de la Asociación del Arte de Imprimir le acarreó la enemiga de los patronos, que discurrieron sitiarle por hambre, negándole el trabajo. En 1880 quedó definitivamente aprobado el programa del Partido, con las concretas aspiraciones siguientes:

"1.º La posesión del Poder político por la clase trabajadora.

2.º La transformación de la propiedad individual y corporativa de los instrumentos de trabajo en propiedad común de la sociedad entera. (Entendemos por instrumentos de trabajo la tierra, las minas, los transportes, las fábricas, máquinas, capital-moneda, etc.)

3.º La organización de la sociedad sobre la base de federación económica, el usufructo de los instrumentos de trabajo por las colectividades obreras, garantizando a todos sus miembros el producto total de su trabajo, y la enseñanza integral a los individuos de ambos sexos en todos los grados de la ciencia, de la industria y de las artes.

En suma: el ideal del Partido Socialista Obrero es la completa emancipación de la clase trabajadora; es decir, la abolición de todas las clases sociales y su conversión en una sola de trabajadores libres e iguales, honrados e inteligentes."

Este período de la vida de Iglesias es admirable. Sabemos que su constitución no es fuerte. En algún momento ha llegado hasta a escupir sangre, lo que tenía alarmadísima a su madre, temerosa de que se repitiese en Pablo la enfermedad de Manuel. Iglesias cumplía su jornada de tipógrafo, atendía a la Asociación del Arte de Imprimir y aún sacaba ánimos para, después de cenar, ponerse a escribir y escribir cartas. Era incansable. Los que convivieron con intimidad en ésta y otras etapas difíciles de su vida afirman convencidos que no se murió merced, pura y simplemente, a un esfuerzo de voluntad. Cuando muerta su madre se acogió a la casa de Matías Gómez, se le declaró una pleuresía. Matías vivió aquellos días sobresaltado, y a un médico de El Escorial, que corregía pruebas de un libro que había traducido del alemán, de donde le venía el conocimiento, le comprometió para que viese al enfermo. Lo vió y su dictamen fué inquietante: —*Es un organismo demasiado débil para la tarea que pesa sobre sus hombros. Esto pasará; pero no es hombre para durar mucho.* Se engañó, quizá porque en su exploración no contó con la voluntad del enfermo. Su voluntad, sí; su voluntad lo hizo todo. Incluso contener a la muerte, que le rondó desde chico.

El material para la propaganda del Partido llegaba de Francia, donde la actividad editorial de los socialistas era más

grande. Lafargue y Guesde suministraron algunos folletos de
su minerva. Iglesias los leía con ansiedad. Tenía el deseo de
hacerse una buena educación socialista, de adquirir el instru-
mento dialéctico que precisaba para sus propagandas. El que
fueron Guesde y Lafargue sus maestros explica satisfactoria-
mente el carácter que Iglesias imprimió al Partido español.
Aquella precisión de contornos, que en ocasiones se le ha re-
prochado como aspereza, son una consecuencia del "guedis-
mo" en que se inspiró Iglesias. Afortunadamente, esa heren-
cia de Iglesias subsiste en el Partido, y da a su fisonomía un carácter inconfundible. De aquellos folletos que recibía Iglesias
varios se tradujeron al castellano y era frecuente encontrarlos
en manos de trabajadores manuales.

La Asociación del Arte de Imprimir, fiel a sus nuevos designios, trató de restablecer las tarifas de 1873, desacatadas
por no pocos patronos. Pidió a los infractores con buenas maneras que respetasen lo estipulado. La mitad, accedió; la otra
mitad dió a la Asociación la respuesta clásica: "En mi casa
mando yo." La respuesta clásica y liberal. Se produjo la huelga y, ¡aquí fué Troya!, se desarrolló una campaña de Prensa
violentísima y Sagasta, con manifiesta cuquería, fingió una alar-
ma excesiva. La cosa no era para tanto. El Gobierno deliberó
sobre el caso y ordenó a sus gobernadores que se empleasen
en la recluta de esquiroles. Más hizo: detuvo a la Directiva
de la Asociación. El 8 de febrero de 1882 ingresaron en la cárcel. Diez días después fueron libertados. Se les encerró de
nuevo el 1.º de marzo y salieron del Saladero a los cinco días.
Volvieron a apresarles a los veintiún días siguientes, para no salir hasta el final de mayo. Se les siguió proceso y se encargó de
defenderles Pi y Margall. La calurosa y desinteresada defensa del tribuno republicano no fué muy eficaz. Había encargo de sentar la mano a los agitadores. A Iglesias, por su calidad de presidente, le condenaron a cinco meses de prisión, y
a tres a dos de sus compañeros. Se apeló al Tribunal Supremo
contra las sentencias, y las confirmó. Los dos compañeros de
Iglesias ingresaron en la cárcel. Iglesias demoró su ingreso. Le

quedaba por hacer una cosa: oponerse a la petición de indul-
to que la Asociación se proponía elevar al Gobierno. Cuando
se hubo salido con la suya, se prestó a inaugurar la Cárcel
Modelo. Florecía la primavera del 84.

Los tipógrafos ganaron la huelga. La Asociación del Arte
de Imprimir adquirió una notoriedad extraordinaria. Estas
satisfacciones procuraron a Iglesias una alegría de tal naturaleza, que le compensaba de la contrariedad de verse ence-
rrado. Su madre no faltaba a la comunicación, y como los
coloquios de madre e hijo fuese efusivos y tiernos, los del
oficio que acudían a visitar a los presos dieron en referirse
a ellos llamándoles *los novios*.

Del prestigio de la huelga ganada nacería la Federación
Tipográfica, cantera, como la sección de Madrid, de muy buenos socialistas. Iglesias probó a ese respecto que sabía hacer
las cosas bien. Entendió siempre que la organización obrera
era la mejor antesala del Partido Socialista, que, por alguna
razón profunda tenía de segundo apellido Obrero.

IV

En el Madrid de los tiempos bobos no había ninguna razón para exigir que los patronos fuesen muy cuerdos. Reaccionaron contra los primeros socialistas de una manera elemental: negándolos la posibilidad de trabajar y, de consiguiente, desterrando a muchos de ellos de Madrid. Se desparramaron por las provincias, de lo que vino a resultar una ventaja inestimable para el movimiento socialista y la organización obrera. Cada uno de los desterrados puso empeño particularísimo en abrir en la provincia donde había fijado su residencia agrupaciones locales y sindicatos de resistencia. Quejido, en Barcelona; Perezagua, en Bilbao, y otros militantes se situaron en Córdoba, Santander y Jaén. La equivocación de los patronos madrileños no tardaría en hacerse visible. Iglesias, expulsado de varias imprentas, se refugió en la de los sucesores de Ribadeneyra, donde trabajaban varios compañeros igualmente señalados por el odio patronal; pero fué necesario declarar una huelga para corregir los abusos que se intentaban cometer por el patrono, e Iglesias vino a encontrarse en la calle, pero no sin trabajo. Lo tenía y muy abundante, aunque sin jornal. Por estos días se pensó editar un semanario que llevase por título *El Socialista* y se recaudaban los fondos necesarios mediante acciones de una peseta, que serían reintegradas a los accionistas tan pronto como la caja del semanario lo consintiera. Iglesias puso en este proyecto una de sus mejores ilu-

3

siones y trabajó por sacarlo adelante, sin descuidar las ocupaciones perentorias de sus cargos. Mantenía una constante correspondencia con los compañeros de provincias y estaba presente en las conferencias de controversia organizadas por los anarquistas de Madrid, con los cuales polemizaba apasionadamente, pero en tono extraordinariamente cordial. Era una rama del proletariado y guardaba para ella una consideración que no discernía a los partidos burgueses. Esta posición de Iglesias había de ser causa del apartamiento momentáneo de Jaime Vera. Cuando se establecieron las bases a que debía ajustarse el consejo de redacción del semanario, Iglesias defendió con particular entusiasmo la cuarta, que decía: "Combatir a todos los partidos burgueses y especialmente la doctrina de los avanzados, si bien haciendo constar que entre las formas de Gobierno republicana y monárquica *El Socialista* prefiere siempre la primera." Jaime Vera discrepó. Entendió que se debía tratar con benevolencia a los partidos republicanos, por considerarles afines. Medió Quejido entre las dos tendencias en colisión y no pudo conseguir que Iglesias modificase su criterio, aprobándose la base de referencia tal como estaba redactada. Vera se fué del Partido y le siguieron algunos otros militantes, de los que varios se incorporaron más tarde al movimiento.

Antes de la aparición del semanario, hizo Iglesias, por encargo de sus compañeros, una excursión de propaganda. Tocó en Cataluña y en Andalucía, y Quejido visitó Valladolid, Logroño, Burgos y Bilbao. Ambas excursiones fueron provechosas. Los viajeros constituyeron varias agrupaciones locales y consiguieron notables asistencias individuales. A la aparición del semanario se le atribuía una importancia extraordinaria. Señaladamente Iglesias esperaba del semanario provechos proselitistas de valor incalculable. Su optimismo tardó mucho tiempo en verse correspondido. El semanario, agotada la curiosidad inicial, se convertiría en un motivo de constantes sacrificios que, los llamados a prestarlos, los prestarían con gusto. Estaba decidido que el semanario naciese. Y nació el 12 de mayo de 1886. *El Socialista*, mantenido con verdadero heroísmo, será en lo sucesivo el núcleo del Partido. El capital fundacional del semanario se aproximaba a las novecientas pesetas. La primera redacción se formó con Iglesias, Matías Gómez, Quejido, Diego Abascal y Pauley. Iglesias, a quien los patronos impresores habían jurado guerra a muerte, al que se le atribuyó la dirección, recibiría en pago de sus trabajos treinta pesetas semanales. Ya le tenemos, pues, convertido en lo que no dejaría de ser para sus adversarios, en "vividor de los obreros". Pero como los cálculos iniciales fallaron, como el negocio no prometía la prosperidad en que se había soñado, hubo que rebajar a la mitad la asignación semanal señalada a Iglesias. Las otras quince pesetas se procuraría recaudarlas por medio de una suscripción entre los amigos. Así comenzó *El Socialista*, y su comienzo, en comparación con los días que siguieron, fueron tortas y pan pintado. Las novecientas pesetas desaparecieron pronto y se necesitó de la contribución de todos los afiliados tipógrafos para que el semanario no dejara de publicarse. Se componía el molde gratuitamente. Se redactaba en las mismas condiciones y por el mismo precio camaradas entusiastas hacían el cierre y el correo. El entusiasmo por el semanario continuaba vivo, y como representaba un medio permanente de comunicación con los camaradas desparramados por España, hubo interés en conservarlo. Sirvió el semanario, al que no le faltaba garbo periodístico, para que se descubrieran algunas vocaciones. Juan José Morato, que calla púdicamente cuanto se sacrificó por *El Socialista*, afiló su pluma en él, hasta alcanzar aquel grado de gracia y ponderación que hizo de su firma la más estimada de las firmas obreras. Matías Gómez Latorre es otro de los que mejor se las manejaron en la nueva profesión de escritor. El semanario tenía interés. Su "Semana burguesa" cautivaba a los lectores, que no eran tantos como Iglesias hubiera deseado.

Con todo, el semanario era una nueva demostración de vitalidad del nuevo partido y la cosa llamó la atención, generalizándose las polémicas con los anarquistas y los republicanos.

Estos mostraban más estimación y afecto por los amigos de Bakunin, que no acedían a mezclarse en las contiendas políticas: su abstencionismo en esa materia garantizaba a los republicanos la integridad de sus clientelas. No así los socialistas, que buscaban despertar en los trabajadores, de los que se nutrían los censos electorales de los republicanos, la conciencia de la política de clase. En su comienzo se conformaron con desdeñar aquella aspiración por utópica; pero a medida que el nuevo partido iba ganando adeptos y haciendo simpatizantes, como la cantera donde los allegaba era la misma en que actuaban los republicanos, comenzaron a incomodarse. "Sois—decían a los socialistas—aliados de la más negra reacción, puesto que al disminuir nuestras fuerzas, hacéis posible la victoria de aquélla." Muchos de los republicanos admitían la acusación como exacta y justa, estando dispuestos a creer que la aparición del socialismo en España era obra de los frailes. No chocará si decimos que para esos republicanos el enemigo necesitado de preferente aniquilación era el Partido Socialista, al que personificaban en la figura de Iglesias. De ese odio nacieron las más disparatadas calumnias, las versiones más cómicas en cuanto al origen de los dineros que movilizaban los socialistas para sus giras electorales y sus propagandas, menos constantes de lo que ellos hubieran deseado, porque las derramas que representaban las suscripciones recaían siempre sobre los mismos bolsillos esquilmados: la verdad era demasiado sencilla y diáfana para que alcanzase, en aquél Madrid de hampones y defraudadores, curso fácil. La fantasía calumniosa era mejor aceptada. El dinero lo encontraban los socialistas, en cantidades copiosas, en las congregaciones católicas. Iglesias y sus amigos se daban una vida regalada, a expensas de la inocente credulidad de los trabajadores que nos le conocían lo bastante. El director de *El Motín*, a quién nada de aquéllo le constaba, era el pregonero mayor de todas esas burdas patrañas, aceptadas como verdades inconcusas por la mayoría de sus lectores. ¿Cómo sorprendernos de que naciese y viviese la historia grotesca del gabán de pieles de Iglesias? Iglesias, a quien su madre colocaba la capa—prenda grata a los cajistas de la época—, y al que se podía ver con ella durante todo el invierno, se beneficiaba con un hermoso gabán de pieles. Se lo quisieron regalar por suscripción sus amigos, para no dejar en mal lugar al inventor de la fantasía. Reunieron el dinero necesario, pero no llegaron a hacer la compra. Iglesias canalizó la cantidad recaudada hacia la caja del semanrio. No llegó a tener el gabán de pieles que alguien, piadosamente, le adjudicó. De Iglesias, como de otros socialistas, se dijo que viajaban en primera, trasladándose una estación antes de la del término del viaje, al departamento de tercera, para no escandalizar a los amigos que les esperaban. Es notable hasta qué punto llegó la maldad. Da idea de ello una anécdota. Cumpliendo órdenes del Partido, Iglesias hizo un viaje a Linares, donde había de tomar parte en un mitin del 1.º de mayo. En la fonda donde se hospedó había varias personas, una de las cuales resultó ser un viajante de comercio. Durante la comida se habló del 1.º de mayo, del Partido Socialista y de Pablo Iglesias. Este se dispuso a oír silenciosamente lo que se les ocurría sobre el caso, esperando oír algo notablemente disparatado. El viajante de comercio declaró que conocía a Iglesias.

—Le conozco bien y hasta he tratado un poco con él. Es un farsante que ha descubierto una manera cómoda de vivir sin creer en nada de lo que dice. Cuando se le depare la ocasión será diputado y todos esos papanatas que ahora le vitorean y le pagan para darse una vida regalada se quedarán con un palmo de narices.

Ninguno de los comensales tuvo interés en llevarle la contraria. El viajante de comercio, animado por aquel silencio aprobatorio, continuó acumulando datos fantásticos sobre la vida de Iglesias. Añadió que le parecía un charlatán sin fuste, al que sólo las gentes sin educación podían prestar oídos. En vista de los informes del viajante los comensales resolvieron ir al mitin, donde se proponían pasar un buen rato. El propio Iglesias prometió asistir, ya que el viajante le aseguraba que se divertiría.

Se celebró el mitin y habló Iglesias. Sus maneras de orador y su dialéctica dura, implacable, le proporcionaron el éxito que es de suponer, atendida la mayoría obrera de su auditorio. En su discurso aludió a los que sin conocer las nuevas ideas y sus hombres se dedican a hablar mal de ellas y de ellos. Cuando regresó a la fonda, los viajeros comentaban el susto del viajante de comercio, al ver adelantarse en la tribuna al Pablo Iglesias que él no conocía. Les preguntó:

—¿Se han divertido ustedes con las brutalidades del farsante que les anunció ayer el comensal?

—No. De lo que nos hemos convencido es de lo injustamente que se calumnia a los hombres.

Y le estrecharon la mano. A la hora de comer volvió a presentarse el viajante, la boca llena de excusas.

—Discúlpeme usted, don Pablo...

—No es necesario—le contestó Iglesias—; en la próxima ocasión que se le presente volverá a calumniarme. Tengo la evidencia de que esta lección no le servirá de nada.

Iglesias formulaba una verdad permanente. Aquella lección, y otras mil, de nada servirían. La invención del gabán de pieles iría cambiando en boca de los calumniadores, de forma y de hechura. Ayer fué el gabán de pieles y los viajes en primera; mañana sería el enchufe y las dietas. El viajante de comercio será mañana un diputado a Cortes y el trance se repetirá. En efecto. Ya está Iglesias sentado en el Parlamento. Le han llevado a él 40.899 votos madrileños. Se discute el acta de Jaén. El señor Pérez Asensio la defiende y alude a los burgueses disfrazados de obreros. Iglesias le interrumpe: "*Eso no es saber lo que es burgués.*" El orador le replica: "*Tampoco es obrero el señor Iglesias, que me interrumpe; y yo conozco, señor Iglesias, a alguien que, sin ser obrero, vive de los obreros.*" Se produce un escándalo en la Cámara, y el señor Pérez Asensio insiste en su afirmación: "*Lo que yo digo y repito es que, sin ser obrero, hay alguien que carece de rentas, profesiones y propiedades y de los obreros vive.*" Arrecia el escándalo, y el conde de Romanones, que preside la Cámara, no

puede dominar el tumulto. Iglesias ha dicho una sola palabra:
"¡*Mentira!*". cuando el presidente domina la situación. Iglesias
pide la palabra. Ha sido aludido y se considera obligado a hablar. Es su primer discurso parlamentario. Se ha dicho que
vive de los obreros. "Tiene esto importancia—dice—, no sólo
por referirse a mi persona, que en este sentido importa poco,
sino porque afecta a la representación que ostento aquí, y que
debo honrar todo lo posible, y, además, porque envuelve un
concepto general respecto a los obreros que más activamente
y con mayor publicidad trabajan por los intereses de sus compañeros. Estos representantes de la clase obrera, que son los
que tienen que dar la cara con más frecuencia, los que tienen
que alentar a los trabajadores en los momentos de desánimo,
los que tienen que darles el ejemplo arrostrando las arbitra-
riedades de los patronos, de las autoridades, de todo el mundo,
*son buscados por esas mismas clases para desbaratar y para
desarmar a los obreros.*" Vale la pena que aclaremos esa alusión de Iglesias. Sabemos que Romero Robledo, por interme-
dio de Ducazcal, pretendió corromper la integridad de Iglesias; pero no le hemos dicho al lector que ese primer intento
se repitió años después.con ocasión de unas elecciones. Habían
presentado los socialistas bilbaínos candidato a Iglesias, según
tenían por costumbre, y antes de abandonar Madrid para dar
comienzo a la propaganda, Iglesias recibió en su casa a una
embajada excepcional y sobremanera distinguida que le en-
viaba el entonces jefe del Gobierno, Sagasta. Tenía éste, al
decir de sus embajadores, un empeño especial en que el señor
Iglesias representase al Partido Socialista en las Cortes, y estaba dispuesto a darle toda clase de facilidades sin más que
una condición: que desistiera de presentar su candidatura por
Bilbao, distrito eminentemente plutocrático y en el que "for-
zosamente" había de ser derrotado.

—En cambio—añadieron—, el distrito de Valmaseda le será
más propicio. En él la victoria de su candidatura, a la que no
le faltará el apoyo del Gobierno, puede descontarse segura.

Una vez más Iglesias era medido con el rasero de las corrientes y molientes ambiciones personales y políticas de aquel tiempo. Era una segunda equivocación ofensiva. Iglesias no se molestó. Sin alteración sensible de voz, contestó a los emisarios de Sagasta:

—Había aceptado la versión de que el señor Sagasta, además de político hábil, era buen concedor de los hombres, y veo que semejante versión es total y absolutamente equivocada. El Partido Socialista tiene los mayores deseos de hacerse representar en el Congreso; pero para que el logro de ese deseo le satisfaga es indispensable que quien le represente pueda entrar por la puerta grande y con la cabeza levantada. Lo que usted en nombre del señor Sagasta viene a ofrecerme me autoriza a decirles que el señor Sagasta no lleva camino de conocer a los socialistas.

Y despidió a los embajadores del gran corruptor, que se fueron un tanto sorprendidos de que aquel obrero, rodeado de los testimonios de su indigencia, rechazase la coyuntura que le deparaba el Gobierno de obtener, gratuitamente, un acta de diputado. No tomaron, sin embargo, la lección. Metidos en el ambiente cínico de la política al uso, aquel gesto de dignidad lo estimaban como una "primada", como una tontería imperdonable.

A episodios de esta naturaleza es a lo que aluden las palabras de Iglesias: "Estos representantes de la clase obrera... *son buscados por estas mismas clases* (patronales) *para desbaratar y desarmar a los obreros.*" Sigamos ahora con su discurso: "Yo no por falsa modestia he de dejar de decirlo: el que en estos momentos os dirige la palabra, no muchas veces, pero por lo menos una, ha sido objeto de toda clase de ofrecimientos para venir aquí y para otras cosas, y como hubiera tenido que hacerlo bajando la cabeza, pisoteando su propia dignidad y haciendo traición a los suyos, los rechazó." La Cámara ha sido sorprendida por esa declaración y escucha con respeto al diputado socialista; éste sigue: "Voy ahora a concretar el caso mío, y os diré lo siguiente: Yo soy tipógrafo, un mediano obrero, que mal o bien he podido, salvo las persecuciones, que hoy son menos frecuentes que al principio de este movimiento, ganarme la vida. A mí me ha pagado mi Partido, no por tacañería, sino por no poder más, un sueldo de cinco duros a la semana; después, de seis; luego, de siete, y actualmente, de nueve; acordó elevarlo hasta doce, pero por su situación no ha podido hacerlo, y yo sigo cobrando nueve duros por el trabajo que desempeño, por hacer un periódico y por contestar muchísimas cartas, que me llevan mucho tiempo, porque hay que dar la contestación en forma que la entiendan las personas a quienes se dirigen..." "Y por poco movimiento que tenga el Partido Socialista, por la labor que realizo en él, por el cargo que desempeño de presidente del Comité del Partido, y, sobre todo esto llamo la atención de aquellos vosotros que tengáis ocupaciones políticas, ¿creéis que me sobrará mucho tiempo para hacer un periódico semanal y para hacer todo lo que yo creo que es mi deber? ¿Y creéis, en fin, que todo ese trabajo no vale la cantidad que se me da? ¿Se puede decir de quien todo eso hace que es un vividor? Yo os hago a todos jueces de mi conducta y a la vez os pido que juzguéis el proceder nada honroso de quien, sin motivo ni provocación por mi parte, tuvo el atrevimiento de hacerme ese cargo."

Por las primeras semanas de *El Socialista*, la polémica de sus adversarios atribuía a su director y, por extensión, a sus redactores más asiduos, las más innobles ambiciones. En concepto de la mayoría no pasaban de ser unos logreros que buscaban el pedestal de los trabajadores. Los menos les suponían una intención honrada al servicio de un doctrinal utópico; pero aun éstos abusaban de la burla y el denuesto. El ambiente general era de incomprensión. Se decía que para significarse los socialistas violentaban su naturaleza de españoles negándose a reconocer la belleza de las corridas de toros y la chulapería castiza del pueblo madrileño, fomentada desde arriba en lo que tenía de más bárbaro y despreciable. Los socialistas se proponían acabar con el casticismo mugriento y con la chulapería matonesca y tabernaria de las clases populares. Por camino diferentes habían venido a coincidir con

otra suerte de españoles, los que bebían doctrina y conducta
en las charlas de Giner de los Ríos, partidario también de una
política de agua corriente, jabón y estropajo que adecentase
la vida española y en particular la madrileña. A esta aspiración, sobremanera razonable, se la tenía como una deforma-
ción del carácter nacional. De aquí que Iglesias pudiese repe-
tir la frase de Francisco Giner: "Sí, señor; cada día más rebelde y con la camisa más limpia." Andando los años, Pío
Baroja, cuya formación anarquista le ha conducido con frecuencia a ser injusto con los socialistas, había de proclamar
que "una de las cosas importantes que ha conseguido el socialismo en Madrid ha sido extirpar la chulapería del pobre".
Esa chulapería que el socialismo logró estirpar de Madrid, haciendo del joven obrero un cultivador de los deportes y de la
política, tenía sus mejores valedores a finales del siglo pasado en los ministerios; de ella extraían las partidas de la porra,
encargadas de acogotar las floraciones tímidas de la nueva
España.

El Socialista siguió viviendo, según sus detractores, de los
socorros en metálico que recibía de la reacción; según la verdad, gracias al prodigioso esfuerzo de un grupo de socialistas
que no se cansaron de hacerlo ni aun en los días de mayor
desaliento y desesperanza. Para Iglesias el semanario era el
arco del Partido; el núcleo de concentración de todas las vo-
luntades, y hasta el fin de sus días le prestó una atención sos-
tenida.

V

Con la publicación del semanario y la actividad desarrollada por Iglesias y sus principales colaboradores, el Partido comenzó a prosperar. La organización obrera, a la vez, adelantaba en su vida. El partido ensayó a emplearse en las elecciones y la organización esbozó sus primeros movimientos huelguísticos, alcanzando algunos resonancia nacional. Este incremento de fuerzas repercutía sensiblemente en la ocupación de Iglesias, quien se veía obligado a mantener una extensa correspondencia. Esta ocupación había de durarle hasta el final de sus días. Concedía una importancia extraordinaria a las cartas; sabía que quien las recibía se sentía reconfortado y duplicaba su esfuerzo. Refiere Gorki que una vez, en 1922, encontró a Lenin particularmente atareado: "Sentado ante su mesa, en el despacho, escribe rápidamente y me dice, sin levantar la pluma: —Buenos días. ¿Cómo está usted? Voy a acabar. Hay un compañero de provincias que se aburre; sin duda debe estar cansado. Hay que levantar su espíritu. El humor no es cosa despreciable." También Iglesias sabe que el humor no es cosa despreciable. Es natural que los compañeros de provincias se aburran y sientan decaer el ánimo. El trabajo no es nada fácil. Los resultados no corresponden al esfuerzo desarrollado. Se tropieza con muchas dificultades y luego la persecución, las autoridades y los patronos al acecho. ¿Cómo evitar el cansancio, cómo tonificar el ánimo del camarada lejano? ¡Si se pudiera llegar hasta él e infundirle nuevos alientos! El único camino es el de la correspondencia. E Iglesias la escribe con meticulosa atención, con exquisito cuidado. Sus cartas son siempre optimistas, alegres, esperanzadas. Pone en esa tarea la misma atención que cuando escribe para el semanario. La misma pulcritud en la letra, el mismo vigor en el razonamiento.

Jaime Vera, que se había apartado del Partido por sus discrepancias con Iglesias, encuentra oportunidad de reincorporarse con motivo de la victoria electoral conseguida en 1890 por la socialdemocracia alemana. Visita a Iglesias en su domicilio y le felicita por el triunfo de los alemanes, que los socialistas españoles habían hecho suyo. Vera reconoce que el socialismo prosperaría gracias principalmente "a la bendita intransigencia". La victoria alemana repercutió en España, y los socialistas se dispusieron a sacar el mejor partido de ella en militantes y en suscriptores para el periódico. En mayo de ese año se celebró, siguiendo el acuerdo del Congreso socialista celebrado en París, la primer demostración obrera de 1.º de Mayo. En vez del día 1 se efectuó el día 4, por ser domingo. Hubo un mitin en el Liceo Rius, en el que habló Iglesias, y una manifestación, que puso en manos de Sagasta las conclusiones aprobadas por los manifestantes: ocho horas de trabajo, ocho de descanso y ocho de instrucción; paz sin armas y legislación obrera. No se produjo ningún desorden, y este hecho tranquilizó a los burgueses, que temían que la demostración obrera fuese un pretexto para causar daños a las personas y a las cosas.

Allá donde los socialistas han creado núcleos de militantes se despliegan por primera vez las banderas rojas, con la demanda de los tres ochos, que no tardaría en convertirse en plataforma permanente de la organización sindical y que a juicio de Cánovas es nada menos que "soñar en paraísos mahometanos". Iglesias lleva camino de poseer los tres ochos a que como socialista aspira. Hace algún tiempo que tiene ganados los dos primeros: el 8 de febrero de 1882 ingresó por vez primera en la cárcel y el 8 de diciembre de 1886 cerró los ojos a su madre. Falta el tercer ocho. Tardó en presentarse, pero al fin hizo su aparición. Iglesias tardó en curarse de la pérdida de su madre. Le dolió durante mucho tiempo, sin que ese dolor le impidiese atender a sus deberes. Esos deberes aumentaban en la medida que la política dinástica amenazaba sufrir serios reveses; de momento se cernía sobre España el desastre cubano. La isla entera estaba al servicio de los insurrectos, que aspiraban con fuerza a la independencia. No faltaban razones a los cubanos para abominar de la metrópoli y anhelar la libertad. Esas razones les fueron reconocidas por muy escasos españoles: Pi y Margall fué uno de ellos; el Partido Socialista se atribuyó ante la Historia, arrostrando la impopularidad, el mismo mérito. Cuando abren el fuego los insurrectos cubanos el Gobierno español envía tropas y *El Socialista* escribe: "Allá van sólo los desheredados, allá van unos hombres arrancados a viva fuerza del seno de sus familias para combatir a unos soldados voluntarios que levantan bandera separatista; allá van los esclavos blancos a combatir a los esclavos negros. La burguesía de aquí y de allá seguirá en tanto dando vueltas a los tornillos de la explotación y acumulando las riquezas que en el campo, en los talleres y en las fábricas produce el ejército obrero restante." ¿Quién escucha estas voces? Nadie. El patriotismo se ha desencadenado y aplasta al discrepante. No se admite que los cubanos tengan razón al levantarse en armas. ¿Con el trato paternal que les dispensa la metrópoli? La pandilla de concusionarios vivía convencida de que las colonias recibían un trato admirable y paternal. El capitán general de la isla, Blanco, informó confidencialmente a Sagasta—encargado del Poder al avecinarse la guerra con los EE. UU.—en lo que tocaba a ese punto con particular exactitud: "La administración se halla en el último grado de perturbación y desorden; el ejército, agotado y anémico, poblando los hospitales, sin fuerzas para combatir ni apenas para sostener sus armas." ¡Nada importaba! ¡Adelante con el patriotismo! Había que escarmentar a los separatistas cubanos, y si los Estados Unidos se mezclaban a la contienda, como todo lo hacía temer, ¡duro con los yanquis! Contadas veces un país habrá perdido la cabeza en tan alto grado y difícil será descubrir unas clases gobernantes que hayan procedido con mayor olvido de sus más elementales deberes. La demencia colectiva alcanzó cimas insospechadas. El pueblo vivía de tópicos: "el mejor soldado es el español", "los yanquis son un pueblo de salchicheros sin tradición guerrera", "la escuadra española es invencible" y otros parecidos, que los periódicos, sin el menor rubor, recogían del arroyo para darles, al imprimirlos en sus columnas, la categoría de verdades incuestionables. En el trágico desastre colonial culminó la política de la Restauración, como más tarde culminaría la política de Alfonso XIII en el desastre de Anual. Por aquellos días era frecuente oír cantar:

> *Maceo, tú eres traidor;*
> *tú no has nacido en España;*
> *la gente que te acompaña*
> *no tiene perdón de Dios.*
> *Un, dos, tres.*
> *Sombrero de copa alta*
> *gastaba Mac-Kinley.*

Las ejemplares excepciones en la general locura no pasaron desapercibidas. Pi y Margall y los socialistas fueron tachados de traidores. Iglesias no se hizo la menor ilusión en cuanto a la libertad de Cuba. Enfocaba el problema con la dialéctica marxista y descontaba que los cubanos quedarían prisioneros de la codicia de los yanquis, quienes, más ordenados que los españoles, se dispondrían a abolir la explotación individual para organizar la colectiva. Cuando se consumó el desastre, el gran Castelar, de quien se afirmaba que vivía de los frutos coloniales que le remitían aquellos a quienes había proporcionado destinos en Ultramar, envió a Sagasta un largo memorial con el atuendo de sus discursos, que entonces debió producir mucha impresión en quienes lo conocieron y que hoy resulta un poco cómico, pues según el tribuno posibilista los cubanos se habían levantado en armas "llamando ladrona a una administración que apenas extraía tributos" de la riqueza de la isla.

Al desastre no se siguió una postración excesiva. Si la hubo se disimuló bastante bien. La política no se creyó en el caso de cambiar; siguió siendo palabrera y de preferencia corruptora. Como no había colonias que explotar, se explotó más intensivamente a la metrópoli. Se explotaba la credulidad de los españoles, a los que se hizo creer que el teatro, la literatura y la ciencia española eran una cosa seria. Pero entre tanta mixtificación se vió claro que la rapacidad de los concejales de Madrid era extraordinaria. La gente era olvidadiza, y después de algunos escándalos los olvidaba. *El Socialista* trataba de poner en primer plano esas cuestiones, pero sus campañas no tenían eco y se apagaban. Iglesias no perdía la fe. El Partido celebró varias reuniones nacionales, y, aunque despacio, los efectivos aumentaban. La Unión General de Trabajadores había nacido, llevando su presidencia García Quejido, uno de los militantes más cultos e inteligentes de la organización. Una huelga de Málaga, la de los obreros de la industria fabril, a cuyo frente se puso Iglesias, le llevó a la cárcel. En ella enfermó y fué atendido por un médico fundador de la Internacional, en Barcelona, de los amigos de la tendencia anarquista. Después volvió, por una semana, a la prisión de Madrid, por haber tomado parte en un mitin de huelguistas panaderos.

Durante este tiempo, desde la muerte de su madre, Iglesias no conoció otro afecto que el de sus correligionarios más íntimos. Hasta que se presentó en Madrid la mujer de un compañero valenciano, a la que conoció con ocasión de uno de sus viajes. Esta mujer, Amparo Meliá, estaba llamada a ocupar un lugar preferente en la vida de Iglesias. Llegó a Madrid con un niño y buscó la solidaridad de sus amigos. Iglesias se ocupó de ella y la albergó en casa de la familia de un correligionario; no le faltó su solicitud. De ella vinieron unas relaciones de mayor intimidad, y, finalmente, Pablo y Amparo unieron sus vidas. Andando el tiempo, legalizaron su situación; pero a los amores de Pablo y Amparo no les hacía ninguna falta el refrendo legal. Suplanta esta mujer a la madre muerta y ocupa su puesto con una adhesión y un afecto idénticos a los de la madre. En lo sucesivo será ella la que preste a Pablo aquella atención solícita que le deparaba la compañía de su madre. Ella la que colabore en los fecundos trabajos del luchador. El nuevo hogar tiene que valerse con la pequeña asignación que el Partido ha señalado a Iglesias. Las treinta pesetas semanales son insuficientes, y Amparo busca trabajo en su oficio. El "vividor de los obreros" tiene que aceptar el que su compañera busque labor. Libres de prejuicios, Amparo y Pablo encuentran el trance natural. ¡Ya vendrán días más claros! El amor los hace felices y no conceden demasiada importancia a las estrecheces del momento. Esta unión no altera para nada las actividades de Iglesias: atiende al semanario, cultiva intensamente la correspondencia con las camaradas y se preocupa de la vida de la organización. Está en la plenitud de sus facultades y saca, sin esfuerzo sensible, energías para cubrir sus obligaciones normales e inventarse otras nuevas. Viaja. Allá donde se le depara la oportunidad de ocupar una tribuna pública se le ve encaramarse a ella y desplegar su repertorio socialista. Viaja tranquilo. En Madrid queda una plantilla de compañeros aptos para cubrir su ausencia y realizar su trabajo con exacta puntualidad y segura ponderación. Retorna de los viajes con un buen bagaje de anécdotas. Un día en que le preguntaron en Bilbao por alguna de esas anécdotas, Iglesias, ya blanca la barba, refirió la que con mayor agrado recordaba. Regresaba a Madrid de una excursión de propaganda y en una estación del trayecto se asomó a la ventanilla del vagón. Entre las personas que había en el andén estaba el jefe ferroviario, que, al verle, se le quedó mirando con insistencia. Iglesias no prestó atención a aquella mirada. Estaba habituado a ser, en muchas partes, objeto de curiosidad. Arrancó el tren y vió que el jefe de estación buscaba en sus bolsillos y extraía de entre algunos papeles una cartulina roja, con la que hacía señas hacia el tren en marcha.

—Lo conocí en seguida; era un carnet del Partido y el corazón me dió un vuelco. Saqué mi pañuelo y di a entender a aquel camarada que le había reconocido. Cuando alguna vez pasé por aquella estación preguntaba por el jefe, pero había sido trasladado y no pude hablar con él ni conseguí averiguar su nombre. Recuerdo siempre la emoción con que me mostró su carnet.

De otro de sus viajes—una excursión electoral a Bilbao—volvió sin el acta, según era costumbre, pero con el sobrenombre que andando el tiempo había de generalizarse: el Abuelo.

VI

Por los años 1892 a 1897 se registraron diversos sucesos y atentados de carácter anarquista, iniciados en Jerez por un grupo de campesinos. Se ejecutaron cuatro sentencias de muerte y se dictaron cerca de veinte cadenas perpetuas. Pallás atentó en Barcelona contra Martínez Campos, y Salvador arrojó una bomba en el Liceo de la misma ciudad. Se contaba de Salvador que, estando en capilla y habiendo rechazado los auxilios espirituales que le ofrecía el capellán de la prisión, fué exhortado a recibirlos en beneficio de las dos hijas que tenía, y a las cuales les sería más fácil encontrar protección si su padre moría reconciliado con la religión católica. Salvador, después de asegurar que aquello no le preocupaba, añadió: "Mis hijas son guapas y ya encontrarán los burgueses la forma de protegerlas." Parece que en el proceso que se siguió a los anarquistas se prodigaron los malos tratos. Se fusiló a seis. *El Socialista* protestó de aquella monstruosidad. Tiempo después ocurrió lo de Cambios Nuevos, en Barcelona. Murieron seis personas a consecuencia de la explosión de una bomba. El Gobierno, que presidía Cánovas, respondió al atentado con otro atentado más: presentando al Parlamento una ley contra el terrorismo. El partido socialista se movilizó contra ella. Adversario de la táctica anarquista, lo era también, con igual intensidad, de la gubernamental, disparatadamente anarquista a su modo. El proceso instruído contra los detenidos por el atentado de Cambios Nuevos estaba llamado a tener extraordinaria resonancia. Los procesados protestaron de los malos tratos de que eran objeto por parte de las autoridades. Se contaban monstruosidades que más tarde habían de palidecer sensiblemente. Portas, el siniestro Portas, anticipo de Arlegui, sometió a los procesados a una serie de torturas inimaginables para obtener de los detenidos las declaraciones que acomodaban a sus designios. Cinco condenas de muerte fué el corolario de los malos tratos. La protesta contra la sentencia y los malos tratos dió la vuelta al mundo. En España se constituyó en campeón de ella Alejandro Lerroux. Dijo y escribió lo que cabe suponer en un republicano procedente del anarquismo y partidario, por aquellos días, de las plataformas demagógicas. Se mostró implacable, pidiendo la revisión del proceso. La campaña culminó en un acto público que se celebró en Madrid, y en el que, además de Lerroux, tomó parte—con Blasco Ibáñez, Azcárate, Salmerón, Moret, Canalejas e Iglesias—¡Melquiades Alvarez! Sí, Melquiades Alvarez, el resentido, que años después vendría a suspirar, ostensible y públicamente, por el verdugo. La campaña revisionista no dió resultado ninguno. De ella quedó una frase: "Toda España es Montjuich." Los anarquistas se adelantaron a este fallo, que descontaban adverso, y anticiparon el suyo, cobrándose en la persona de Cánovas, a quien ejecutaron en Santa Agueda.

El 96 se celebró en Londres el IV Congreso Internacional Socialista Obrero. Acudió España. Fuéron Iglesias, Vera, Muñoz y Quejido, éste por la U. G. de T. En el Congreso se presentó un mensaje de simpatía a "los que luchan por conquistar la nacionalidad". La Delegación española lo suscribió sin vacilar, y el Congreso premió el voto con una ovación calurosa. A Iglesias se le computó este voto para injuriarle en España.

El final de las guerras coloniales deparó a los españoles uno de los espectáculos más angustiosos; se produjeron ante él, salvo las excepciones de rigor, en las que siempre se encontraban inscriptos individual y colectivamente los socialistas,

con una indiferencia rayana en la criminalidad: la repatriación. Los residuos que llegaban de las colonias decían con
intenso dramatismo lo que había sido la guerra. Algo infame
y monstruoso. Eran sombras acusadoras, cadáveres insepultos,
a los que se abandonó a su triste destino; una mercancía in-
deseable que se descargaba en los puertos y por la que nadie
sentía el menor interés ni la menor compasión. Aquel atroz
espectáculo no sublevó otras conciencias que las de los que
de antiguo estaban divorciados de la España oficial: Pi y Margall y sus secuaces, el partido socialista y la organización
obrera. La mayoría de los españoles aceptaron el bochorno
de la repatriación como algo natural y corriente. Los repatria-
dos se les antojaban seres felices, capaces de romper a cantar
como en la zarzuela: "Al fin te veo..."; no se imaginaban que
aquellos hombres, marcados por la muerte, tuvieran la gar-
ganta llena de gritos iracundos y de maldiciones para la patria
inmisericorde. Quienes podían abogar por su causa—los fede-
rales, los socialistas—estaban inscriptos en las nóminas de los
indeseables del Estado. Su voz protestaria contaba muy poco.

En los albores del siglo, la organización obrera comenzó a
contar efectivos relativamente valiosos. El propio Partido Socialista adquirió la consistencia de un partido fuerte. Iglesias
tenía plenitud de facultades; su pluma, estilo, y su verbo, calidad. Las autoridades oponían dificultades a la expansión
del movimiento, pero contra viento y marea, el movimiento
seguía subiendo. Expresiones de él fueron varios conflictos
huelguísticos y aquellas pugnas electorales en que los socialistas alcanzaron a conseguir las primeras representaciones
populares, algunas de las cuales les fueron anuladas. El auge
industrial de Vizcaya, que determinó en aquella provincia una
concentración de obreros de diferentes regiones de España,
consintió que progresaran rápidamente las nuevas ideas. El
Partido contó con un nuevo semanario: *La Lucha de Clases*, en
la que inició su carrera de escritor don Miguel de Unamuno,
quien siguiendo la costumbre establecida en *El Socialista*, no
firmaba sus trabajos. Coincidieron en la redacción del semana-

rio algunos muchachos bilbaínos que trabajaban en los escritorios de las mejores casas bilbaínas. El socialismo reclutó en Vizcaya la adhesión de algunos vascongados que habían servido al pretendiente con las armas en la mano. Tres oficios le dieron militantes valiosos y numerosos: las minas, la imprenta y el hierro. Iglesias cultivó apasionadamente esta zona. A Vizcaya se le llamó por entonces la Meca del socialismo, título que había de disputarle Jaén, que se atribuía el ser la cuna, y que entre otros hombres de contorno nacional en el movimiento proporcionó a Matías Gómez Latorre. Vizcaya pesó considerablemente por sus huelgas de mineros, que ·alcanzaron resonancia en todo el país. Vivían los mineros en un régimen de explotación inicuo, obligados a pernoctar en los barracones de los capataces y a hacer sus compras en las cantinas obligatorias, de donde venía a resultar lo comido por lo servido, no importa emplearse en el trabajo desde que apuntaba el sol hasta que se ponía. Se acabó con aquel abuso gracias a las huelgas, y la victoria sobre los patronos, extraordinariamente sonada, fué señal de entusiasmo. La utopía era realizable y a realizarla se aplicaron los mejores trabajadores. Cuando el grupo de los socialistas primerizos aseguraba con orgullo que eran "los mejores" no decían nada que no fuese cierto. El Partido, por su estructura moral, seleccionaba a los mejores. El demasiado rigor—la santa y bendita intransigencia de Vera—excluyó del movimiento a militantes de corazón, cuando más a aquellos obreros que, faltos de frenos morales, se producían en los bailes públicos y en las casas de mala nota con la chulapería jaquetona, motivo de muy serias reyertas, en las que la navaja hacía su aparición, de los valientes. Pero estos obreros los necesitaba la organización, y en educarlos, lo que no dejaba de ser una ocupación difícil, se invirtió no poco tiempo del que se precisaba para otros menesteres. Iglesias conoció los caminos de la cuenca minera que más tarde, imposibilitado él por su salud de proseguir los trabajos proselitistas, habían de recorrer sus continuadores: Besteiro, De los Ríos, Saborit, Caballero, además de aquella plantilla de propagandistas de que Bilbao dispuso en todo tiempo, y de entre los que habían de destacar por su brío Indalecio Prieto; por su corazón, José Madinabeitia, y por su demagogia, Facundo Perezagua, a quien durante muchos años los mineros reputaron por su líder indesplazable (1).

El trabajo del grupo minúsculo de socialistas madrileños había fructificado. El nuevo Partido tenía voz y cuerpo. Se iba aproximando a su madurez y con él había de contarse. Tenía, en la persona de Inocencio Calleja, un proveedor de recursos. Gracias al platero de "las amas de cría", Iglesias no conoció nuevas apreturas económicas. Calleja era generoso de su dinero y sentía por Iglesias una pasión entrañable, fraternal. Le tenía por algo suyo. De esta amistad surgiría otra de las leyendas encaminadas a desprestigiar a Iglesias: la de las casas de El Escorial, propiedad de Calleja, y de las que el platero, a su muerte, hizo donación a Amparo Meliá, convencido de que cedérselas a Iglesias era exponerse a que las vendiera para aplicar su importe a las necesidades de *El Socialista*, que seguía siendo el objeto de sus máximos cuidados.

En las elecciones municipales de 1905 el distrito de Chamberí eligió concejal a Iglesias. Dos socialistas más alcanzaron la victoria: Francisco Largo Caballero y Rafael Ormaechea, al que le debía el Partido una magnífica edición del *Manifiesto comunista*. Antes de esta victoria, la nueva España había

---

(1) Facundo Perezagua acaba de morir en Bilbao. El azar ha querido que cierre los ojos el 1.º de mayo, día de significación proletaria. El viejo militante del movimiento obrero llamó junto a su lecho, horas antes de morir, a sus camaradas y resumió en una palabra su testamento político: "Proseguid", les dijo. ¡Feliz hallazgo el de esa palabra! ¡Proseguid! De cara a las dificultades previsibles, acordándose de las que él hubo de vencer en su lucha con un medio hostil, el consejo del moribundo debió tener una fuerza de convicción extraordinaria. Ciertamente, todo el movimiento proletario de España está construído con una sola virtud, la de la perseverancia. En conservarla activa reside, sin duda, el secreto de la victoria. Eso al menos es lo que deja entrever el consejo de Facundo Perezagua, al que el Tajo le dió Temple y Vizcaya ocasión de ponerlo a prueba.

tributado a Iglesias un homenaje de adhesión en la revista
Europa, dirigida por Luis Bello. Alomar, Cossío (don Manuel B.), Ortega y Gasset (don José), Araquistain, Unamuno,
Gómez de Baquero, Zulueta, Grantmontagne y el propio Bello le mostraron a los españoles cómo el hombre más digno
de alcanzar la representación popular. Necesitó conformarse
con la concejalía. Su ingreso en la Casa de la Villa fué un
acontecimiento. Sus compañeros de escaño les hicieron un recibimiento cordial. Eran "los dignísimos representantes de la
clase obrera". El júbilo les duró poco tiempo. Aquellos socialistas eran intratables. Nada menos entraba en sus cálculos
que sanear la administración municipal. Esta aspiración era
algo insólita. Y más insólito todavía: ni uno solo de los vein-
ticuatro mil afiliados a la organización sindical madrileña se
acercó a los concejales socialistas en demanda de empleo o
colocación. En cambio, los concejales repartían y vendían las
credenciales, razón por la que los socialistas propugnaron, sin
éxito, porque el ingreso a las plazas del Municipio se hiciese
por oposición o concurso. La Cámara de Comercio apoyó la
propuesta socialista; pero no sirvió de nada. "Lo que sí hemos conseguido—declaró Iglesias ante un Congreso—es que
los concejales y los empleados reconozcan y declaren que somos hombres distintos de los que hasta ahora han ido allí."
Digamos lo que hace al caso: en el Municipio se defrauda y
abusa del erario; pero aun cuando el convencimiento de los
concejales socialistas es absoluto, carecen de las pruebas necesarias para formular acusación ninguna. Iglesias pudo decir
en una sesión que le había visitado una mujer pidiéndole una
colocación para su marido con estas palabras: "Se la pido a
usted porque no tenemos cuarenta duros." Nadie se sonrojó.
Había cosas más voluminosas y peores. La relación de los concejales y los contratistas era escandalosa. La lucha societaria
desigual. Los concejales socialistas no podían hacer otra cosa
que introducir un poco de orden y de moralidad en las cuen-
tas municipales. Luchaban con armas desiguales. Pero la lucha no pasó desapercibida. Fueron muchas las personas que

se dieron cuenta de ella y comenzaron a sentir una alta estimación por los socialistas que venían a aclimatar unas maneras nuevas y honestas en la administración pública. Iglesias, Caballero y García Ormaechea establecieron una norma de conducta a la que en lo sucesivo habían de ajustarse todas las minorías socialistas. La estimación fué creciendo y quien busque explicarse el auge socialista de Madrid, se verá obligado a remontar su curiosidad a esta época un tanto olvidada. De ella arranca la estimación de los madrileños por unas ideas que, en su plasma fundamental, son esto: austeridad, limpieza, rectitud. Iglesias aprovechó su presencia en el Ayuntamiento para señalar de un modo inequívoco la diferencia de los socialistas con el resto de los partidos políticos. Hizo siempre que pudo del escaño una tribuna, convencido de que no todas sus palabras se perderían en el vacío.

A la satisfacción de esa conducta, que se ponía como ejemplo, se unió en 1908 un acontecimiento que adquirió en toda España valor de síntoma. La organización obrera madrileña, mal albergada en el Centro de la calle de Relatores, adquirió un palacio ducal para transformarlo en Casa del Pueblo. La nueva institución proletaria se había generalizado. A los centros obreros, sucedían las Casas del Pueblo, algunas de las cuales, la de las Carreras, en Vizcaya, se ufanaban de ser abiertas con un discurso del abuelo. La casa de Madrid enorgulleció a todos. Había sido la casa de un aristócrata y se convertía en Casa del Pueblo. Este empezaba a adquirir la potencia que se le había negado sistemáticamente. El acontecimiento se solemnizó con diferentes actos e Iglesias los presidió con manifiesta satisfacción. El Partido contaba por entonces con ciento quince nuevos locales y tenía setenta y un concejales en treinta Municipios. Resultaba consolador notar cómo se iban abriendo camino las nuevas ideas, cómo despertaba el proletariado a la conciencia de clase, cómo, en suma, el esfuerzo inicial iba dando frutos sazonados, promesa de mejores cosechas. El movimiento de la Casa del Pueblo de Madrid estaba representado por una inscripción de 35.000 trabajadores. En

masa, los afiliados irrumpieron en su nuevo domicilio. Fué
una manifestación impresionante. Iglesias a la cabeza, en la
compañía de los fundadores, y orgullosas, con latidos de cosas
vivas, las banderas rojas de las secciones. Este es uno de los
grandes momentos de la existencia de Pablo Iglesias. Sus palabras transidas de fe, llenas de una emoción que necesitaba
de las lágrimas para desahogarse por entero, lo dejaron comprender. Aquella Casa del Pueblo, acabada de inaugurar, vendría a ser, años más tarde, el centro vital de Madrid. Y su
centro moral. La emoción de Iglesias tenía explicación. Intuía
el futuro.

VII

LA HUELGA DE 1917

La figura de Pablo Iglesias alcanzó un relieve extraordinario. Tanto como el cariño y la estimación de los militantes del movimiento obrero y socialista contribuyeron a destacarlo las invectivas y las burlas de sus adversarios. El pudo decir, sin vanidad ni jactancia, "los que no están conmigo, están contra mí". Ahora bien; con Pablo Iglesias no estaban exclusivamente los afiliados a su Partido, sino un núcleo de españoles, militares, arquitectos, médicos, escritores, catedráticos y aun sacerdotes, que veían en él a un español representativo de la España limpia y honesta. Hemos dicho que tenía amigos entre los militares de carrera y es verdad: algunos de los que murieron en Africa se carteaban con él y le mostraban una adhesión inquebrantable; en cuanto a que los tuviese entre los eclesiásticos... Ocurrió que una sirvienta católica se creyó en el caso de advertir a su confesor que trabajaba en casa de Pablo Iglesias; aun cuando el "señorito" era muy bueno no sabía ella si continuar en la casa o despedirse. El confesor le oyó las alabanzas y asintió a ellas:—"Bueno tiene que ser... Es un gran español." Muchos eran los amigos que su conducta le proporcionó a Iglesias; pero eran más los adversarios, bien dispuestos a ver en él al "explotador de los obreros", al "chupacuotas".

Para que Iglesias alcanzase la representación parlamentaria fué preciso que se instituyese, para fines concretos, la con-

junción republicano-socialista, coalición a la que Iglesias fué
opuesto durante mucho tiempo. En el Comité de la conjunción coincidieron Benito Pérez Galdós y Pablo Iglesias y el
novelista comenzó a sentir manifiesta debilidad por el obrero
tipógrafo. Encontró que era duro y macizo como un bloque de
granito. Galdós era todo lo contrario de un hombre político
y ocurría que frecuentemente coincidía con Iglesias en la manera de apreciar las cuestiones. Iglesias tenía intuición, juicio
claro y rectitud moral. Su superioridad sobre los miembros
del Comité era visible y de aquí la admiración de Galdós que,
en cierta ocasión, impresionado por un discurso de Iglesias,
hubo de exclamar:

—¡Qué maravillosa cantera de hombres es el pueblo español! ¿Cuántos como Iglesias no habrá desparramados por
fábricas y talleres? Los socialistas llevan a los republicanos
la ventaja de tomar los hombres de la cantera viva, del pueblo, que en España vale más que las clases que llamamos superiores.

Durante algún tiempo Galdós sintió veleidades socialistas;
la sintieron, por entonces, no pocos intelectuales, algunos de
los cuales dejaron de su paso por el Partido socialista un recuerdo poco satisfactorio. Otros, en cambio, se vincularon a
él con manifiesta sinceridad y compenetración, habiendo al-
canzado muy merecidas exaltaciones. Representando a esos intelectuales cabe poner, en justicia, a Julián Besteiro. Su presencia entre los obreros demostraba bien a las claras en qué
medida era falsa la enemistad de Iglesias y los socialistas hacia los intelectuales. Tal enemistad era una invención de aquellos otros escritores y catedráticos a quienes, los obreros, por
haberles identificado la ambición bastarda y el snobismo, procuraron eliminar. Manuel Bueno, para no citar sino un caso,
fué, no son muchos los que lo saben, afiliado a la Agrupación
socialista de Bilbao, por los días en que se ganaba la vida
como temporero en las oficinas de aquel Ayuntamiento. No;
felizmente podemos descargar a Iglesias de tan estúpida acusación. Su larga convivencia con Vera prueba bien cumplida-

mente que no solo no recusaba, sino que buscaba la adhesión de los intelectuales. Si no alimentó las veleidades de Galdós fué porque, sin dejar de admirarle, le consideró incapaz de una evolución profunda. Tenía una mentalidad de republicano y, a sus años, le hubiera resultado imposible, o por lo menos muy difícil, variarla conforme a las nuevas ideas propugnadas por el socialismo. Fueron muy buenos amigos y en eso' quedó todo.

Iglesias entró en el Parlamento cuando su salud comenzaba a resentirse. Realizó una labor meritísima. Usó de la tribuna parlamentaria con largueza, fijando en cada caso el criterio de su Partido. Las más de las veces le acompañaba en sus discursos el ruido de los murmullos, la chacota y las interrupciones y groserías de los diputados ministeriales. No era hombre para amilanarse, y no se dió un solo caso en que, ante la oposición de la mayoría, se le disminuyese el ánimo. Las más duras invectivas rebotaban en su pecho. Con ocasión de un discurso en que llegó a considerar lícito "el atentado personal", el escándalo arreció de tal manera, que los diputados republicanos se vieron en la necesidad de ampararle. Se llegó hasta intentar la agresión. El escándalo trascendió a la calle y los periódicos tomaron partido contra el diputado obrero. En réplica a aquella campaña, la organización obrera de Madrid, que supo que a su más legítimo representante se le hacía ·objeto de toda clase de agravios, organizó una manifestación pública. En muchedumbre, los ·obreros rodearon el Congreso y al salir Pablo Iglesia le tributaron una ovación clamorosa. Iglesias no se desvaneció, pero adquirió la convicción de que pisaba terreno firme y de que su única preocupación, desdeñando los riesgos personales, tenía que centrarse en interpretar cada día con mayor fidelidad el anhelo de los trabajadores. La enemiga de éstos seguía polarizada, como consecuencia de la represión de 1909, contra Maura. Y en una esfera nacional, contra la guerra de Marruecos. En ambos problemas Iglesias asumió, por decisión del Partido, una posición concreta y enérgica. La campaña se sacó a la calle y se organizaron mítines y manifestaciones. Iglesias volvió a recorrer España en campaña de propagandista y agitador. Era un momento propicio. La ciudadanía estaba despierta y los oradores socialistas se enfrentaron con muchedumbres obreras a las que, más que enardecerlas, procuraban educarlas, indicándolas los medios adecuados para hacer frente eficazmente a la política monárquica. Descontaban los socialistas que aquel apasionamiento civil sería pasajero y no rendiría el menor provecho si se descuidaba lo permanente—la doctrina—por atender con preferencia exclusiva a la nota política. Para los republicanos, los valores estaban invertidos y de esa contradicción se siguieron algunos rozamientos y disgustos: "Estos socialistas siempre van a lo suyo." Y lo suyo era, como supone el lector, la organización sindical, el cultivo de la política de clase.

De la conjunción se desgajaron los republicanos radicales, cuyo caudillo era Lerroux. Se enjuició en las Cortes la política del Municipio de Barcelona, donde el lerrouxismo tenía mayoría, y la prueba fué poco favorable para los residenciados. Quien con más violencia combatió al Sr. Lerroux fué D. Jaime Carner—ministro de Hacienda de la segunda República en el segundo Gabinete de Azaña, justamente en el que dejaron de colaborar los radicales pretextando su incompatibilidad... con los socialistas, días después de haber declarado que el nuevo Gobierno debía constituirse con los mismos partidos y—aclaración del propio Lerroux—¡con los mismos hombres!—, diputado catalán, que exhibió una amplia documentación de la conducta de los radicales en el Municipio de Barcelona. Lerroux defendió a sus correligionarios, utilizando para ello sus mejores registros de gran orador. El discurso fué bueno, en efecto; pero no alcanzó a convencer a nadie. Iglesias, en nombre de los socialistas, lo proclamó así, y el propio Azcárate, en el de los republicanos, se vió forzado, por rectitud moral, a hacer igual declaración. Lerroux, que confiaba en la solidaridad de aquellos dos hombres, se limitó a encogerse de hombros y a abandonar la conjunción. Aquel tropiezo engendró, en el andar de los años, otros nuevos. El de Carner, a que nos hemos

referido. Lerroux ha seguido buscando entramar políticamente
con el apellido Azcárate, y en ocasión reciente buscó a un so-
brino de D. Gumersindo, persona ponderada y discreta, para
ofrecerle una cartera, que el interesado, por propia iniciativa
o por consejo mayor, rechazó sobriamente. El tiempo de una
parte y la relatividad de otra, han demostrado cumplidamente
que la administración radical en el Ayuntamiento de Barcelona no fué lo que pudo haber sido. Según la expresión popular,
"hoy las ciencias adelantan que es una barbaridad".

La Conjunción continuó existiendo y actuando, sin mengua
para la actividad específica de los socialistas, entre los que
abundaban los partidarios de abandonarla, por consideraciones
de carácter doctrinal. Iglesias continuó siendo diputado en las
legislaturas siguientes. El partido convirtió el semanario en
diario y comenzó la nueva etapa de *El Socialista,* en la que no
han faltado épocas de heroísmo equivalente al de sus primeros
días, aceptadas en la dirección por Andrés Saborit, en la administración por Félix Galán y en la imprenta por Fernando
Espino; Iglesias siguió siendo, aun retirado por enfermo, el
animador del periódico. Lo leía con minuciosa calma, y seña-
lando los errores materiales o las desviaciones que, a su juicio,
debían evitarse. Sus últimos días de parlamentario activo coin-
ciden con la Asamblea de Parlamentarios de Barcelona. Nuevamente está el país ante una esperanza. ¿Se logrará? El designio de algunas gentes parece ser èse. Las Juntas de Defensa
del Arma de Infantería ejercían una dictadura irresponsable.
Se sentía la necesidad de un movimiento. La Confederación
Nacional del Trabajo se impacientaba por declararlo. En Va-
lencia la impaciencia pudo más que la reflexión y se declaró
la huelga, secundada por los ferroviarios, circunstancia que
adelantó el movimiento que se venía fraguando, y en el que
estaba implicado Melquiades Alvarez, que, a diferencia de ahora, se cuidó de facilitar la impunidad a muy destacados ele-
mentos socialistas de Asturias. La huelga del año 1917 no consiguió sus objetivos, y, sin embargo, contra lo que a raíz de su
vencimiento se dijo, estuvo lejos de ser un fracaso. Fué el pri-

mer rejón serio que se clavó a la monarquía. Se especuló con
la posible inhibición de los militares, llegándose incluso a ordenar a los huelguistas que vitoreasen al ejército. El Gobierno
quizá vaciló en utilizar al Ejército; pero se decidió a salir de
dudas, declaró el estado de guerra y confió a los militares la
custodia del orden público. Los militares se excedieron en el
cumplimiento de su deber. Su intervención colmó las más extraordinarias exigencias del Gobierno. La clase obrera pagó a
buen precio su ilusión republicana. El Comité de huelga—Besteiro, Caballero, Saborit y Anguiano—fué condenado a cadena
perpetua, empezando a cumplirla en el penal de Cartagena.
En las calles de Bilbao, en las minas de Asturias, en la cárcel
de Madrid y en la barriada de Cuatro Caminos las ambulan-
cias retiraron cadáveres de obreros.

Iglesias vivió desde su casa, retenido por la enfermedad, estos días de angustia. Buscando desacreditar a los dirigentes, se
dijo que el movimiento no contaba con su simpatía. Todavía
no hace mucho que lo ha desmentido Besteiro. Aprobó el movimiento y se preocupó de organizar la ayuda a los que de ayuda necesitaban. Temía que el fracaso repercutiese demasiado
dolorosamente en los cuadros sindicales. Durante las primeras
semanas, la impresión era desconsoladora. Los mejores militantes sintieron la necesidad de preservarse de las delaciones
del cuerpo de policías "honorarios" que se creó al calor de la
represión y en el que se inscribieron las gentes más insospechadas. Pero el decaimiento de los primeros días no tardó en
trocarse por una febril actividad. La sentencia dictada contra
el Comité de huelga fué el primer reactivo, y el segundo y más
poderoso una fotografía publicada por *A B C*, en la que el Comité de huelga aparecía en el penal, vistiendo sus componen-
tes el traje de presidiarios. Aquella fotografía que el diario
alfonsino brindó a sus lectores con manifiesta complacencia,
estimuló la reacción en favor de los presos. Iglesias percibió
el cambio operado en la opinión pública, y a partir de entonces descontó que la organización renacería con más fuerza.
La bandera de la amnistía, agitada en la campaña electoral del

año 18, dió la victoria al Comité de huelga y a Indalecio Prieto, que hubo de refugiarse en Francia, después de haber oído pregonar su cabeza por un gobernador militar que, ya diputado, se le declaró admirador fervoroso.

El movimiento derrotado en agosto se irguió vencedor a los seis meses justos. En el de mayo, se pudo denunciar ante el Congreso las atrocidades cometidas en la represión. Como pudiera haber algún lector incrédulo, por razones actuales, le aseguramos formalmente que, a los nueve meses de la represión, los diputados socialistas pudieron formular ante el país sus denuncias. Y España conoció el comportamiento de las fuerzas del Estado. En aquellas denuncias se reveló Prieto como un gran parlamentario.

VIII

Los años más admirables de Pablo Iglesias son estos años
en que refugiado en su casa riñe combate con la muerte, que
de un modo tenaz está cercando su voluntad de vivir. Iglesias
sigue siendo el trabajador de siempre. Escribe cartas, artículos,
lee la prensa, formula juicios, recibe y despacha consultas y
está, en suma, pendiente de la actividad política que más di-
rectamente puede repercutir en el Partido o en la organización obrera. A fines del año 19 y comienzo del 20 nadie duda
de que la muerte se va a salir con la suya. Sobre los achaques
del enfermo, que son muchos y bastante molestos, acumula
una pulmonía. El doctor Huertas, que le cuida, frunce el ceño.
Estamos ante los días últimos. No hay esperanza. *El Socialista*
encarga a Matías Gómez que escriba unas cuartillas necrológi-
cas. Matías Gómez las escribe y las deja dispuestas para el
diario. Cuando vuelve del taller se encuentra con que las cuartillas están todavía en su casa. Le informan que ya ha pasado
el peligro de la enfermedad y que Iglesias sigue mejor. Entonces oculta aquellas cuartillas, y días después, los tipógrafos de la imprenta donde trabaja deciden hacer una edición
de ellas: veinte o treinta ejemplares. Matías conserva algunos,
y un día en que, convaleciente Iglesias, pasea con él por Rosa-
les, le cuenta lo ocurrido.

—Le teníamos preparada la despedida.

—Mándame ese artículo. Vamos a ver qué es lo que dice.

Matías le envió el artículo, que, unos días después, un Juz-
gado militar que acudió a la casa de Iglesias a tomarle declara-

ción vió sobre su mesa de trabajo. La titular decía: *Pablo Iglesias ha muerto*. Aquellos militares salieron convencidos de que Iglesias era un farsante, que se preparaba a su gusto incluso la nota necrológica.

En su último período fueron muchas las ocasiones en que se descontó segura su muerte. Pero aun había de vivir lo bastante para asistir con dolor a la escisión del Partido, motivada por la polémica abierta en los partidos socialistas por la revolución rusa. La escisión separó a militantes muy estimables, algunos, como García Quejido, que aportaron su esfuerzo desde los primeros días del movimiento. Iglesias no pudo, por su estado de salud, presentarse en el Congreso; pero envió una carta, en la que razonaba su posición y en la que hacía esfuerzos por salvar la unidad del Partido. No consiguió su designio. La pasión había calado hondo y los partidarios de la Tercera Internacional, entre los que estaban Quejido, Anguiano, Lamoneda, Acevedo, Perezagua y Oscar Pérez Solís, entonces domiciliado en Bilbao, se fueron del Congreso dando un portazo, decididos a constituir la Sección española de la Tercera Internacional. No en todos los escisionistas fueron puros los móviles. En algunos eran patentes las razones de tipo personal. De la escisión se siguió un daño incalculable. El movimiento se escindió en dos porciones, y como la polémica alcanzó una virulencia insospechada, en diferentes provincias se registraron frecuentes colisiones de socialistas y comunistas, que deslindaron los campos con una barrera de sangre. Para la salud de Iglesias la escisión fué mortal. Su contrariedad moral fué enorme. Se comprende. El movimiento estaba alcanzando su mayoría de edad. La organización sindical era fuerte y el Partido sólido. Sus victorias de tipo político se iban generalizando en toda España y la escisión las invalidó. La llamada rusa había sido demasiado extraordinaria para que no alcanzase a tener consecuencias en todo el mundo. Se pudo notar cómo la prensa de derecha y sus principales colaboradores—Eugenio de Ors y Ramiro de Maeztu, entre otros—alentaban la escisión atribuyendo la razón a los escisionistas. Oscar Pérez Solís, cuyas condiciones de agitador eran incuestionables, hablaba liso y escribía bien, encontró para su labor el refuerzo de los nacionalistas, en quienes halló, desde su llegada a Bilbao, una estimación que se desprendía de la esperanza de que derrotase, como líder, a Prieto. Esa estimación llegó a traducirse en la fundación de un diario, *Las Noticias*, de carácter comunista, que con su dinero y con la autorización del obispo de Vitoria fundaron los nacionalistas. ¿Por adhesión a las ideas comunistas? De ningún modo. Por odio a las ideas socialistas, a cuyo desarrollo era conveniente poner el tope de una querella intestina. *La Lucha de Clases*, que los socialistas arrancaron de manos de Solís, formuló un vaticinio que ha tenido confirmación: "Llegará un día en que, ante el enemigo común, socialistas y comunistas cesarán de hostilizarse y se dispondrán a asaltar juntos la fortaleza capitalista. Ello ocurrirá cuando de algunos de los hombres que con mayor estridencia motejan de traidores a los socialistas no quede recuerdo ni estimación." La alusión personal se encarnizaba con Solís y el vaticinio resultó certero. Cuando la unión para una acción concreta se ha producido, el buen ex capitán ofrece como remedio saludable a la lucha de clases los emolientes de la farmacopea católica. Un poco tarde para que quienes le creyeron como revolucionario le vuelvan a dar crédito como católico.

Bastantes de los camaradas que abandonaron el Partido volvieron después a él, y los que asumieran una posición de francotiradores, afectados por el sentimiento de la ruptura, imitaron su conducta. La pugna, por otra parte, cedió en su aspecto dramático y quedó contenida en los límites verbalistas. Así y todo, sobre Iglesias pesó un trabajo copioso. En cierto modo necesitó empezar de nuevo. El diario quedó resentido y las dificultades para su publicación aumentaron. Se instauró una administración de tipo heroico y se hizo cuanto se estimó necesario para que la publicación no se suspendiera. El núcleo de lectores era escaso. En los propios militantes había una frialdad que nada bueno prometía. Iglesias, con sus artículos, con sus cartas, pedía a todos actividad, movimiento, entusiasmo. Sus cartas tonificaron a muchos y la propaganda, a la que se volvió con entusiasmo, levantó el ánimo de las masas.

Cuando se consiguió salir del atasco se produjo el desastre de Anual, que fué plataforma extraordinaria para reconquistar lo perdido. La minoría parlamentaria desarrolló una labor admirable. Prieto enardeció a España, clamando por las responsabilidades. Se organizaron manifestaciones nacionales, en las que incluso los tradicionalistas reclamaban sanciones contra los culpables del desastre. Los socialistas sostuvieron la tesis, que ganó la voluntad general, de que la responsabilidad no era de estos ni de aquellos hombres, sino del régimen mismo, del rey, que había empujado imprudentemente a Silvestre, con ignorancia del alto mando, a la aventura bélica que determinó el derrumbamiento de la Comandancia de Melilla. La ola de indignación amenazaba anegarlo todo. La pasión nacional, sublevada por las referencias siniestras y trágicas de lo sucedido, no se conformaba con menos que con un general escarmiento, de entre el que surgiría fatalmente el ocaso del régimen. En remedio de aquella situación acudió Primo de Rivera con su golpe de Estado, hecho a medida de la conveniencia del rey. Se enmascaró el propósito con un manifiesto, en el que la política del lenguaje no estaba demasiado cuidada. La dictadura, encomendada a Primo de Rivera, conjuró de momento la situación. La pasión de los españoles se replegó. La cautela inspiró a los más. El Borbón se sintió asegurado. Besuqueó al general que le sacaba de un trance amargo; pero a medida que pasó el tiempo, fiel a su naturaleza, procuró hacerle todas las trampas que pudo. Hay más de una razón para presumir que Primo de Rivera sintió más de una vez la pesadumbre de haber sacado del atolladero a quien no inspiraba sus actos sino en un egoísmo desenfrenado y estólido. El juicio sobre Primo de Rivera no es de este lugar. Sí nos corresponde decir que buscó con insistencia machacona la simpatía y colaboración de los socialistas. No la encontró porque no podía encontrarla. Pero aun así, les guardó respeto y consideración. La conducta de ellos para con la dictadura fué severamente juzgada por cuantos habían denostado y perseguido al socialismo y sus hombres. Les pedían, dicho con palabras comunes, que les sacasen las castañas del fuego, no para instaurar algo nuevo, de lo que no eran capaces, sino para volver, apaciblemente, al disfrute de sus sinecuras y prebendas monárquicas. El general, con sus defectos, propios de una mala educación castrense, era superior a todos ellos. El mismo acto que más dura y justamente se le reprochó—la suscripción nacional—¿no ha vuelto a ser repetido?

Iglesias recibió con profundo disgusto el golpe de Estado; pero fué de los que no se engañaron en cuanto a sus últimas consecuencias, que no llegó a conocer. El golpe detenía la indignación popular, pero no la desvanecía, sino que la intensificaba, de suerte que era lícito prever que a su término se daría, como por añadidura, el final del régimen. "¿Qué hacen los socialistas?", era por aquellos días la pregunta corriente. En estas páginas sólo cabe que digamos lo que hacía un socialista, Pablo Iglesias. Trabajar y morirse todos los días un poco. Trabajar con el cuidado y la atención de siempre y oponer fuerzas cada día más débiles a la muerte. Esta le tenía bien señalado. Estaba decidida a no dejarle escapar. Había sido burlada en varias ocasiones y formalizaba la factura de un modo implacable. Arropado en una talma, cubierta la cabeza con una boina de chapelaundi, Iglesias se sentaba a escribir. Necesitaba interrumpir su ocupación muchas veces. Se le fatigaba la mano. Algunos de sus artículos últimos—murió escribiéndolos—tardaba una semana en concluirlos. Se levantaba con buen ánimo y tenía que interrumpir el trabajo para acostarse.

—Me dicen que no escriba, pero no puedo. Escribiendo, descanso. Doy forma a mis pensamientos y elimino una preocupación. ¡Quisiera poder decir tantas cosas!

Luego, volviéndose hacia los libros, exclamaba con pena:

—Ahora que no puedo leer mira cuántos libros. Me mandan muchos y yo lo agradezco; pero me canso pronto de la lectura. ¡Estos gases no me dejan en paz!

Se le veía acabarse. De una visita a la otra—yo fuí de los

hombres que encontraron siempre abierta la puerta de su casa
en los días postreros de su vida—se notaban los estragos de la
enfermedad. El calor y el frío le afectaban mucho. Se iba acer-
cando a su tercer ocho. A la muerte. El 8 de diciembre—aniversario de la muerte de su madre, lo recordó él—entró en la
agonía. El día 9, asistido de Matías Gómez, acabó. Es el año
1925. Matías, en un estado de postración difícil de reflejar,
saca la noticia a la calle. Funciona el telégrafo. En los rincones
más apartados de España, unos hombres rudos, los ojos llenos
de lágrimas, izan banderas rojas enlutadas. Hay un gran silencio. Después comienza a oirse el rumor de las alabanzas. Lle-
gan de todas partes. Sentidas unas, protocolarias y frías otras.

En torno al féretro que guarda el cuerpo de Iglesias se con-
densa una inmensa muchedumbre. Se le ha dado al entierro
un carácter político. Los que están con el muerto están contra
la dictadura y aspiran a una nueva España. Entre los que des-
filan alguien ha podido señalar a un general del Ejército.
¿También aspiraba a una nueva España? Se llama ese general
López Ochoa. Recordando aquel desfile, con nuevas experien-
cias, hay que aceptar como santa la intransigencia de Iglesias
que apartó a Vera, por poco tiempo, del Socialismo. ¡Santa
intransigencia que nos evita el sonrojo de contactos que más
tarde nos abochornan y escandalizan!

PABLO IGLESIAS Y LA REPÚBLICA

Sabemos que en las bases establecidas por Pablo Iglesias para regular la conducta de *El Socialista* había una en la que consignaba "que entre las formas de Gobierno republicana y monárquica el semanario prefiere siempre la primera". Nos es igualmente conocida su participación moral en la huelga revolucionaria de 1917, en la que se intentó poner término al régimen monárquico. Instaurada la República, como consecuencia de las elecciones municipales del 12 de abril, el nuevo régimen, en el que la adhesión popular pesaba de un modo considerable, intentó cancelar su deuda con Pablo Iglesias. Votó una pensión vitalicia para su viuda, y en cuanto a la figura del fundador del Partido Socialista, se acordó el homenaje de figurar en la nueva iconografía postal. Tocado de emulación, el Ayuntamiento de Madrid acotó un trozo del Parque del Oeste—certeramente elegido—para emplazar en él un monumento que, por las trazas, honrará a Madrid y evocará con acierto la personalidad de Iglesias. "Y es menester acentuar que Pablo Iglesias tiene derecho—ha escrito un adversario de los socialistas—a que su vida sea contada—como un ejemplo que solicita imitación—, cualquiera que fuere la aquiescencia que a sus opiniones se preste." Palabras que exhumamos con ánimo de hacerlas llegar a quienes no sabiendo canalizar sus pasiones se descalifican al hacer tabla rasa de todos los valores, artísticos y morales. Independientemente de estos homena-

jes, multitud de pueblos, claro que por iniciativa de los concejales socialistas, rotularon con el nombre de Iglesias paseos,
avenidas y calles. Nadie sospeche que vamos a producir queja
alguna por lo parvo del homenaje. En puridad, el homenaje
republicano era excesivo. No podía ser duradero. Mientras en
la República se estimó y valoró el movimiento proletario, el
homenaje podía pasar. Desestimada y desvalorizada la corriente popular, ¿qué sentido podía tener el que la República
continuase haciendo circular por el Correo la figura de Iglesias? Alabanzas y plácemes merecen quienes, corrigiendo una
contradicción, inventaron una falsificación de sellos para su-
primir el de Iglesias. La delicadeza del invento es lo que no
acabamos de comprender. Se pudo y debió afrontar el designio con absoluta sinceridad. Puesto que la República volteaba
su destino bajo otro cuadrante, el homenaje consistía en sepa-
rar al fundador de *El Socialista* de la iconografía postal. La
ofensa hubiese consistido en perseverar mostrándolo como genio propicio de un régimen que, abominando de su origen,
destituía Ayuntamientos y encarcelaba a los socialistas. Cabría
la duda de si los que habían sufrido cambio eran los socialistas, si los propios republicanos no se hubieran visto impelidos
a proclamar la desfiguración de la República. El viejo postu-
lado "la República es de todos" sirvió a maravilla para hacer
ingresar en ella a los que no la hicieron y para expulsar a los
que la conquistaron, y sobre conquistarla, se aplicaron, con
limpieza de artesanos honrados, a edificarla. Expulsados los
trabajadores, ¿qué interés podía haber en conservar a Iglesias?

* * *

¿Qué importancia atribuir a ese detalle? Acaso, hemos
pensado, la cosa no sea del todo superficial. Aquella preferencia que Iglesias estableció en beneficio de la República tenía,
a todas luces, un sentido restrictivo y limitado. Con poco esfuerzo documentaríamos esa afirmación; preferimos atenernos
a los datos que suministra la propia vida de Iglesias. En plena

juventud asiste a la revolución del 68. Conoce el lanzamiento
de Isabel II y presencia las angustias de los vencedores por
encontrar en las cortes europeas un príncipe que se avenga a
ocupar el trono vacante. La gestión diplomática no es todo lo
discreta que aconsejan las circunstancias y los periódicos faci-
litan al español curioso detalles y anécdotas de las negocia-
ciones que se simultanean en Portugal y Alemania. Los revo-
lucionarios españoles en busca de rey tienen que apechar con
no pocos desaires y son causa o pretexto de la guerra franco-
prusiana. Bismarck, el canciller de hierro, los toma de mingo
para exasperar a los franceses y acabar con Napoleón el Chico.
¡Qué senda pedregosa la de Prim hasta que consigue la acep-
tación de Amadeo! Para Prim, la historia termina ahí, porque
es ahí justamente donde su vida concluye, por designio de sus
adversarios, que lo tumban a balazos. Pero sus aliados del 68
inician una nueva etapa del calvario. Hasta que la República
nace como consecuencia de la abdicación de Amadeo. Iglesias
tiene veintidós años. Es la edad del entusiasmo y de la pasión.
El cambio operado es, atendido el momento, considerable.
¿Qué se disponen a hacer los republicanos con su conquista?
¿Cómo se proponen utilizarla? Iglesias está entre el número
escaso de los españoles que formulan esas preguntas y atienden
curiosos a las respuestas que los gobernantes republicanos tienen intención de dar. Transcurridas las alegrías primeras, las
diferencias esterilizan los mejores propósitos. Los republicanos no se entienden entre sí y no alcanzan a hacerse entender
del país. Si elegimos para juzgar de ella el ángulo crítico que
proporciona un taller, la conclusión será sobremanera pesi-
mista. La República, condenada por los republicanos a esteri-
lidad, es un fracaso. Es incapaz de ordenar la vida nacional,
que continúa fiel a su módulo inmoral. La ejemplaridad de algunos republicanos, entre los que no se cuenta Castelar, se
perdió sin provecho para nadie. El desgraciado ensayo fatalmente dejó en Iglesias un escepticismo incurable por lo que
se refería a la capacidad creadora de los republicanos españoles; ese esceptimismo fué creciendo a medida que, por mez-

clarse a la vida pública con su reeprtorio de ideas nuevas, amplió su conocimiento de los republicanos, notando que de entre ellos surgían los adversarios más desleales y recusables del socialismo. Lo tenían por doctrina y partido incubado en las sacristías, sin otro propósito que el de escindir a los trabajadores, restando fuerza al republicanismo. Muchos pecados hubieron de sumar los hombres de la Restauración para que volviese a aceptar Iglesias como tabla salvadora un cambio de régimen. Acabaron por sumar esos pecados los monárquicos. Su política, enderezada a continuar la historia de España, fué una política deshonesta y corruptora, con la que era necesario mostrar, acusándola bien, una insolidaridad activa. Al avanzar los años y adquirir consistencia los modos monárquicos, hubo necesidad de oponer a ellos el bloque de una conjunción popular. Representaba la conjunción una ilusión para los propios trabajadores, con los que la política monárquica se encarnizaba de una manera feroz; para Iglesias no pasó nunca de ser una ilusión relativa. Continuó desconfiando de la capacidad de los republicanos. Recordaba la experiencia desdichada del 73, y por si ello no fuese suficiente, advertía en algunos de los que encabezaban la agitación republicana inclinaciones recusables y maneras que no se compadecían con el anhelo declamado con reiteración en los mítines de cambiar las costumbres políticas. En otros, la intención era firme y el propósito honesto. Iglesias no midió a todos los republicanos con el mismo rasero; pero advertía con profundo pesar que quienes asumían una actitud pareja a la suya eran cabalmente los que no tenían el afecto de las masas; eran piezas sueltas en la constelación republicana, sin otra luz que la suya y sin ninguna atracción. Estos republicanos, educados en la duda universitaria, acabaron por donde habían comenzado, por razones crematísticas, otros. Un día llegaron a Palacio con la aspiración inocente de influir en el ánimo del monarca y poner la Monarquía al abrigo de un constitucionalismo liberal y progresivo. ¿A qué conclusiones podía arribar el pensamiento de Iglesias? El candor en unas ocasiones, la malicia en otras, diezmaba el republica-

nismo y arruinaba toda ilusión popular. La política monárquica continuaba orientándose por los caminos de la corrupción
y apelando a ella se desembarazaba de las oposiciones. El Partido Socialista se retrajo a sus cuarteles nuevamente y operó
desde ellos. Y, sin embargo, continuaba siendo válida la preferencia de *El Socialista* a favor del régimen republicano. ¿Por
qué? Por razones de honestidad y de conveniencia. Iglesias,
a pesar de las pruebas en contra que poseía, continuó creyendo
que un cambio de régimen contribuiría a cambiar la fisonomía
del país, ya que le sería forzoso utilizar las fuerzas proscriptas
por el régimen monárquico: las clases trabajadoras y la juventud universitaria. El inconformismo de las primeras era
clásico y el de la segunda se había acentuado considerablemente al producirse la catástrofe colonial. Aceptada esa posibilidad, ¿cómo no fundar esa esperanza en la agitación precursora
de la huelga revolucionaria de 1917? Los propios sindicalistas
discurrieron de modo parecido, ya que calentaron la misma
esperanza. Malograda aquella oportunidad, las fuerzas revolu-
cionarias quedaron a la espera de otra oportunidad. El sacri-
ficio no fué perdido. El inconformismo se hizo más denso y
la ilusión del desquite iluminó a muchos.

El anhelo por derrotar a la Monarquía, poniendo en su lugar a la República, no tenía mayor alcance que el ganar para
España unos modos políticos nuevos, radicalmente distintos a
los puestos en juego por la Restauración. Ganar esa victoria
no era grano de anís, ya que ella comportaba la seguridad de
que el movimiento político de los trabajadores lograría el re-
conocimiento de legalidad que le resultaba indispensable para
adquirir el desarrollo que le condujese por modo incuestionable a su mayoría de edad. Se dirá que esa legalidad le estaba
reconocida de tiempo atrás; pero el aserto no es exacto; era
válida en las ciudades, pero no en los pueblos, donde la persecución del trabajador organizado era el deporte más emocio-
nante de las autoridades y patronos. Aclimatadas maneras nuevas, respetos inéditos; despejadas las cuestiones previas, la República facilitaría el mejor emplazamiento del problema so-

cial, aumentando la visibilidad de la lucha de clases. Esto último es lo que de manera preferente podía interesar a los socialistas. Una incondicionalidad republicana no podrían sen-
tirla; partiendo de que la libertad política no es accesible sin
la libertad económica, el socialista tenía que sentirse inconfor-
mista de la República. Pero este inconformismo no necesitaba
robustecerse con incompatibilidades morales. Era suficiente
con la colisión doctrinal, con la lucha de clases. En ella podía
el régimen inspirarse para su legislación social y los socialistas para ir cubriendo las etapas necesarias para dar sazón y
madurez a sus designios superiores. En suma, la República
vista por un socialista no podía ser fin, sino medio. En vez de
estación de término, punto de partida.

* * *

Iglesias dudó siempre de los republicanos españoles. La experiencia del 73 y sus relaciones ocasionales con ellos le lleva-
ron a formular un criterio nada benévolo. El homenaje que se
apresuró a hacerle la República, poco después de su nacimiento, fatalmente había de producirle enojos si el criterio de
Iglesias, poco falible como buen observador, resultaba confirmado. Confirmado está. En tales términos que, dejándose llevar del apasionamiento, muchos deploran su contribución a la
victoria republicana. Esto último es excesivo. A la República,
no importa su actual avatar, hay que acreditarle el mérito de
darnos cubierta una etapa importantísima: la de la desilusión
en la democracia burguesa. Iglesias se hubiera sentido confor-
tado con tamaña conquista, que contribuye, en grado considerable, a simplificar la acción de los efectivos obreros. El ensayo republicano era indispensable para aleccionar a los trabajadores. Está hecho y en condiciones de extraordinaria ventaja.
Es un doble experimento en el que se han puesto a prueba
dos influencias contrarias: la socialista y la conservadora. De
la primera no queda absolutamente nada; de la segunda, sí: el
impulso inicial y dramático de las clases proletarias por alzar-

se con el triunfo. Esto último está claro que no hubiese ocurrido sin la desilusión democrática y el crecimiento avasallador
del sentido de clase entre los trabajadores. Agradezcamos a
la República ese deslinde de fuerzas y la devolución que nos
hace, temerosa de ofender su memoria, de la figura de Pablo
Iglesias, cuya vida ha adquirido, por obra del pueblo, calida-
des de mito.

FE DE ERRATAS

Página 25

- Ingresa en la AIT el 13 de marzo de 1870.

Página 29

- El PSOE se fundó el 2 de mayo de 1879.

- Alejandro Ocina era también médico.

- Hubo hasta tres redacciones del programa (1879, 1880, 1882) quedando aprobado el definitivo en el I Congreso del PSOE en 1888.

Página 35

- El Socialista nació el 12 de marzo de 1886.

ACLARACIÓN

Los comentarios antirrepublicanos deben enmarcarse en el contexto histórico de la obra.
Esta fue publicada en mayo de 1935, es decir, poco después de la revolución de octubre de 1931 y tras la frustrante experiencia de la colaboración republicano-socialista de 1931 a 1933. Esas veladas insinuaciones y esas críticas abiertamente antirrepublicanas desaparecieron en la segunda edición de la obra en 1938.